ACCESO GRATIS a la Lectura en la Nube

AF237879

Para visualizar el libro electrónico en la nube de lectura envíe junto a su nombre y apellidos una fotografía del código de barras situado en la contraportada del libro y otra del ticket de compra a la dirección:

ebooktirant@tirant.com

En un máximo de 72 horas laborales le enviaremos el código de acceso con sus instrucciones.

© TIRANT LO BLANCH
   EDITA: TIRANT LO BLANCH
   C/ Artes Gráficas, 14 - 46010 - VALENCIA
   TELFS.: 96/361 00 48 - 50
   Fax: 96/369 41 51
   Email: tlb@tirant.com
   www.tirant.com
   Librería Virtual: www.tirant.es
   DEPOSITO LEGAL: V-477-2024
   ISBN: 978-84-1056-626-2
   MAQUETA E IMPRIME: Tink Factoría de Color , S.L.

Si tiene alguna queja o sugerencia, envíenos un mail a: atencioncliente@tirant.com.
En caso de no ser atendida su sugerencia, por favor, lea nuestro procedimiento de quejas en:
www.tirant.net/index.php/empresa/politicas-de-empresa

Responsabilidad Social Corporativa
http://www.tirant.net/Docs/RSCTirant.pdf

UNIVERSITAT DE VALÈNCIA

GRADO EN FILOSOFÍA

MANUAL DE LA ASIGNATURA

33257 - PENSAMIENTO CRÍTICO

Curso académico 2023-2024

Vicente Claramonte Sanz
Universitat de València
Departamento de Filosofía
Unidad Docente de Lógica y Filosofía de la Ciencia

TEMARIO

TEMARIO

BIBLIOGRAFÍA

ANTÓN, A. i CASAÑ, P. (1998). *Lógica matemática. Teoría y práctica.* Valencia: NAU Llibres.

BADESA, C. *et al.* (2007). *Elementos de lógica formal.* Barcelona: Ariel.

CARROLL, L. (1986). *El juego de la lógica.* Madrid: Alianza.

COPI, I. (1990). *Introducción a la lógica.* Buenos Aires: EUDEBA.

DEAÑO, A. (1996). *Introducción a la lógica formal.* Madrid: Alianza.

FALGUERA, J. i MARTÍNEZ, C. (1999). *Lógica clásica de primer orden.* Madrid: Trotta.

GARCÍA, C. (1993). *El arte de la lógica.* Madrid: Tecnos.

GARRIDO, M. (2001). *Lógica simbólica.* Madrid: Tecnos.

LO CASCIO, V. (1998). *Gramática de la argumentación: estrategias y estructuras.* Madrid: Alianza.

NEBLETT, W. (1989). *La lógica de Sherlock Holmes.* Barcelona: La Magrana.

OLIVÉ, L. (1995). *Racionalidad epistémica.* Madrid: Trotta.

PERELMAN, CH. i OLBRECHTS-TYTECA, L. (1994). *Tratado de la argumentación.* Madrid: Gredos.

PICARD, M. (2009). *Esto no es un libro.* Barcelona: Océano.

PIZARRO, F. (1997). *Aprender a razonar.* Madrid: Alambra Longman.

PLANTIN, C. (1998). *La argumentación.* Barcelona: Ariel.

PLATÓN (2011). *Diálogos.* Madrid: Gredos.

PRIOR, A. (1976). *Historia de la Lógica.* Madrid: Tecnos.

SMULLYAN, R. (1983). *¿Cómo se llama este libro? El enigma de Drácula y otros pasatiempos lógicos.* Madrid: Alianza.

VEGA, L. (2013). *La fauna de las falacias.* Madrid: Trotta.

WESTON, T. (1994). *Las claves de la argumentación.* Barcelona: Ariel.

5

TEMA 1. LENGUAJE Y PENSAMIENTO CRÍTICO

1.1 NOCIÓN DE LENGUAJE EN LA ASIGNATURA

El Diccionario de la Lengua de la Real Academia Española define "lenguaje" en su primera acepción como "conjunto de sonidos articulados con que el hombre manifiesta lo que piensa o siente", definición en principio incluyente de este fenómeno complejo solo en su manifestación oral y no escrita. En sentido más amplio, otra de las acepciones del propio diccionario define el lenguaje como "conjunto de señales que dan a entender algo".

Ambas coinciden en aludir a sistemas de comunicación, conjuntos de entes y reglas vinculados racionalmente y destinados a intercambiar información. El rasgo distintivo entre ambas definiciones es la oralidad: mientras la primera alude solo a proferir palabras o sonidos, la segunda abarca todo tipo de señal capaz de transmitir significado. Por ello, solo esta última noción de lenguaje, más amplia, incluiría procesos de expresión como el lenguaje corporal o artístico, la mímica, el morse, el braille, etc.

Aun cuando, por una parte, todas ellas sean formas de comunicación desarrolladas por el ser humano, y por otra, la Real Academia Española incluya solo la oralidad y no la escritura en la acepción más precisa de la entrada correspondiente, esta asignatura empleará las expresiones "lenguaje" y "lengua" como sinónimos, y las reservará para aludir a un sistema de intercambio de información oral y escrito.

1.2 LAS TRES DIMENSIONES DEL LENGUAJE

La Semiótica es la teoría general de los signos y es básicamente equivalente a la Semiología. El análisis semiótico analiza el lenguaje principalmente en tres aspectos o dimensiones complementarias entre sí, cada una de las cuales estudia el signo lingüístico:
1ª Semántica: por su significado.
2ª Sintaxis: por la coordinación entre ellos.
3ª Pragmática: por su relación con los usuarios y circunstancias de la comunicación.

1.3 LENGUAJE FORMAL E INFORMAL. LÓGICA FORMAL E INFORMAL

Llamamos informal o natural a la lengua oral y escrita empleada cotidianamente en la comunicación humana. A diario, razonamos a partir del lenguaje natural o informal. La lógica informal o lógica no formal es la parte de la Lógica destinada al análisis y estudio de los argumentos cuyo razonamiento se basa en el lenguaje informal o natural. Con la lógica informal se pretende básicamente valorar la corrección o incorrección del lenguaje y el pensamiento cotidiano, atendiendo en especial al estudio de los procesos mediante los cuales obtenemos conclusiones a partir de información explícita o implícita. El lenguaje informal se caracteriza por la intensionalidad de sus términos, la capacidad de alterar su significado según el contexto, e incurre frecuentemente en razonamientos incorrectos como autorreferencias, paradojas, falacias, etc. Por ello, se le considera como un sistema cerrado.

Lenguaje formal es un sistema simbólico cuyos signos, y las reglas con las cuales se opera con éstos, están perfectamente definidos de tal manera que son extensionales, es decir, su significado y aplicación es inalterable independientemente del contexto de uso. Lógica formal es la parte de la Lógica destinada al análisis y estudio de los argumentos cuyo razonamiento se basa en el lenguaje formal. La lógica formal, por tanto, es una ciencia abstracta cuyo objeto es el análisis formal de los argumentos, es una teoría formal del razonamiento.

Los lenguajes formales se emplean principalmente en ciencia, y el hecho de que sus términos y reglas estén perfectamente definidos de antemano permite excluir los razonamientos incorrectos, como las paradojas, falacias y otros, por lo cual se le considera un sistema abierto, universalmente apto para ser utilizado por cualquier agente cuyo razonamiento sea humano independiente del lenguaje natural particular que emplee. Por ello, el objeto central de la lógica formal es el concepto de argumento correcto.

Un argumento es básicamente un conjunto de enunciados de dos tipos, según la función que desempeñen; premisas y conclusión. Por ello, los elementos principales que integran un argumento son los enunciados o proposiciones. Un enunciado o proposición es una oración con sentido completo que puede afirmarse con verdad o falsedad. Así, serían enunciados expresiones como "Los seres humanos son primates", "Mañana es sábado" o "Cuenca está entre Valencia y Madrid". Las premisas son los enunciados que aportan evidencia para extraer la conclusión, mientras la conclusión es el enunciado que se infiere y resulta a partir de la evidencia aportada por las premisas. La relación entre las premisas y la conclusión es una relación de implicación, y por ello se afirma que las premisas implican la conclusión y que la conclusión se desprende, o es una consecuencia lógica, de las premisas. La validez-invalidez o corrección-incorrección es una propiedad de los argumentos, no de los enunciados, mientras que la verdad o falsedad son propiedades de los enunciados —premisas y conclusión—, no de los argumentos; y por ello resulta impropio calificar a los argumentos de verdaderos o falsos tanto como a los enunciados de correctos o incorrectos. En consecuencia, la validez-invalidez de un argumento es independiente del valor veritativo de verdad o falsedad de sus premisas y conclusión. Por último, un argumento es válido cuando, si sus premisas son verdaderas, la conclusión necesariamente será verdadera, o lo que es lo mismo, cuando es imposible que sus premisas sean verdaderas y su conclusión falsa.

Lógica y gramática coinciden en el lenguaje como objeto de estudio, y por ello el análisis lógico en cierto modo también es análisis lingüístico. La Lógica estudia el lenguaje natural u ordinario propio de una comunidad histórica de hablantes, pero el lenguaje natural no constituye su principal interés de conocimiento. En cuanto aspira a ser una ciencia tan universal y rigurosa como la Matemática, capaz de suministrar y sistematizar operaciones y cálculos exactos, la Lógica requiere la confección de un lenguaje artificial distinto del natural empleado en situaciones cotidianas de habla, lectura o escritura, por hallarse pleno de ambigüedades, imprecisiones, redundancias, lagunas y otras circunstancias de índole semántica y pragmática conducentes a una generalización de la inexactitud que dificulta, sino impide, la actividad y el conocimiento científico.

Este lenguaje artificial requerido por la Matemática y la Lógica es de tipo formal o simbólico. El lenguaje artificial de la lógica moderna, distinta de la lógica clásica aristotélica, fue establecido en sus líneas básicas por Gottlob Frege en 1879, y suele recibir el nombre técnico de lenguaje formal de primer orden. En el Tema 6 de este manual se desarrollan los elementos básicos del lenguaje formal empleado por la Lógica.

1.4 ORACIONES Y ENUNCIADOS

Según consta en la entrada correspondiente del Diccionario de la Lengua de la Real Academia Española en su acepción referente a Gramática, una oración es una estructura gramatical formada por la unión de un sujeto y un predicado. Eso supone, implícitamente, que toda oración satisface al menos dos características vinculadas respectivamente a dos de las dimensiones del lenguaje expuestas en el anterior apartado 1.2, sintáctica y semántica: incluye una sucesión bien formada de palabras de una lengua —Sintaxis— y está dotada de un cierto de significado —Semántica—. En cuanto cumple ambas propiedades, cualquier oración permite realizar las acciones típicas del lenguaje, es decir, transmitir información, expresar emociones, preguntar, responder, pedir algo, proferir un mandato, etc. Así, la conjunción de ambas características distingue una oración de un anacoluto, esto es, aquellas sucesiones de palabras con o sin consistencia gramatical y significado.

9

Veamos algunos ejemplos:

(1a) El niña jugaban
(1b) La niña jugaba

(2a) sonó de la despertador seis El las a mañana
(2b) El despertador sonó a las seis de la mañana

En ambos ejemplos (1-) y (2-), las sucesiones de palabras (-a) son anacolutos, no oraciones, pues su inconsistencia o incorrección sintáctica conlleva su carencia de significado. En el caso de (1a), la sucesión de palabras carece de significado por discordancia de género y número; en el caso de (2a) por desorden gramatical, incluso —obsérvese— aunque sus elementos integrantes sean exactamente los mismos que los de (2b), la cual sí tiene sentido. En consecuencia, la oración sería una sucesión de palabras o estructura gramatical formada por la unión de un sujeto y un predicado, sintácticamente correcta y dotada de unidad de significado. Por último, debe recordarse que existen estructuras gramaticales, como las interjecciones, locuciones, ciertas expresiones coloquiales, etc., que no son estrictamente oraciones en el sentido expuesto sin por ello ser tampoco anacolutos, como en los siguientes ejemplos respectivamente:

(3) ¡Socorro!
(4) De tomo y lomo
(5) Adiós, Madrid

Una oración puede ser además, en su acepción filosófica, un enunciado. Es decir, aun cuando el Diccionario de la Lengua de la Real Academia Española defina "enunciado" en su acepción lingüística como secuencia con valor comunicativo, sentido completo y entonación propia —esto es, como algo básicamente equivalente a oración según los párrafos precedentes—, en la acepción técnico-filosófica seguida por esta asignatura entenderemos por enunciado u oración declarativa aquella oración susceptible de valor veritativo verdadero/falso (V/F), es decir, toda oración respecto de la cual tiene sentido predicar su verdad o falsedad, preguntarse si es verdadera o falsa. Veamos la diferencia entre oración y enunciado en estos ejemplos:

(6)   Hasta mañana a las doce, Juan
(7)   ¿Ha llegado tu hermana?
(8)   Los días de la semana son siete
(9)   México está en Europa

Todas estas sucesiones de palabras son oraciones, pero solo (8) y (9) son enunciados en la acepción propuesta en esta asignatura; pues, respecto de (6) y (7) resulta absurdo predicar su veracidad o falsedad, mientras sí tiene sentido preguntarse por el valor veritativo V/F de las oraciones (8) —los días de la semana son siete y por tanto la oración es verdadera— y (9) —México no está en Europa y por tanto la oración es falsa—.

En el caso de las oraciones del tipo (6) y (7), no existe un criterio sólido para elucidar su veracidad o falsedad. En cambio, cuando se trata de oraciones del tipo (8) y (9), esto es, de oraciones declarativas o enunciados, existen al menos dos criterios para adverarlas o falsearlas y así determinar su valor veritativo de verdad o falsedad. El primero es aplicable a los enunciados del tipo (8) y (9), pues describen hechos acerca del mundo y por ello podemos acudir al mundo para comprobar si la información contenida en los mismos corresponde realmente con un estado de hechos; podemos acudir al mundo y comprobar que los días de la semana son siete, y por ello afirmamos que (8) es un enunciado verdadero, y podemos recurrir al mundo y comprobar que México no está en Europa, y por ello afirmamos que (9) es un enunciado falso. El segundo criterio de adveración es aplicable al siguiente tipo de enunciados:

(10) Los triángulos tienen tres lados
(11) Dos más dos suman cinco
(12) Los solteros son casados

Cuando se trata de tales enunciados, podemos adverarlos o falsearlos sin necesidad de recurrir a verificar su correspondencia con un estado de hechos existente en el mundo, ya que su significado se elucida en un contexto de relaciones de ideas donde podemos comprobar si contienen una contradicción o no. En Geometría, por definición los triángulos tienen tres lados, y por ello afirmamos la verdad de (10) sin necesidad de recurrir al mundo para comprobar si su contenido semántico corresponde con un estado de hechos; en Aritmética dos más dos suman cuatro y por ello afirmamos que (11) es falso; en Derecho Civil, tanto como en el lenguaje común, soltero y casado son conceptos opuestos, y por ello (12), al afirmar su equivalencia, contiene una contradicción y decimos del mismo que es falso. El filósofo escocés David Hume (1711-1776) denominó a estos dos grandes grupos de enunciados *matter of facts* —cuestiones de hecho—, aquellos cuyo criterio de adveración es la correspondencia o divergencia con un estado de hechos dado, y *relations of ideas* —relaciones de ideas—, aquellos cuyo criterio de adveración es la presencia o ausencia de contradicción.

En cambio, resulta imposible aplicar ninguno de ambos criterios a expresiones lingüísticas como (3), (4) y (5) ni tampoco a oraciones como (6) y (7).

1.5 ENUNCIADOS DESCRIPTIVOS Y PENSAMIENTO CRÍTICO

Llamaremos descriptivos a los enunciados expuestos en el apartado anterior. Por tanto, pueden ser denominados con tres nombres sinónimos: enunciados, oraciones declarativas o enunciados descriptivos. Como vimos, se distinguen de las simples oraciones en que los enunciados son susceptibles de adveración o falsación, pues respecto de los mismos tiene sentido preguntarse acerca de su valor veritativo verdadero o falso. Ahora bien, aquello que define principalmente que un enunciado sea descriptivo no es su verdad o falsedad, o que sea susceptible de verdad o falsedad, sino más bien que desempeñan la función de describir cómo es de hecho el mundo. Así, la verdad de los enunciados descriptivos puede elucidarse recurriendo a las diversas áreas del conocimiento científico, como la Física, Química, Biología, Medicina, Sociología, etc. Serían ejemplos de enunciados descriptivos los siguientes:

(13) El neutrino es una partícula subatómica
(14) La fórmula química del agua es H_2O
(15) El corazón es el órgano principal del aparato circulatorio

En cambio, existe otro tipo bien diferente de enunciados como estos:

(16) Los padres han de alimentar a sus hijos menores de edad
(17) La violencia de género debe ser erradicada
(18) Abandonar a los enfermos sin medios es injustificable

Existe una diferencia clave entre ambas tríadas. Los enunciados (13), (14) y (15) describen cómo *es* de hecho el mundo, mientras que (16), (17) y (18) más bien describen cómo *debería ser* el mundo. Por ello llamamos enunciados descriptivos a los correspondientes a la primera tríada, mientras a los de la segunda tríada les denominamos enunciados normativos, prescriptivos o evaluativos. Los enunciados normativos incluyen o implican una valoración o evaluación, no una mera descripción, y por ello expresan una actitud favorable o adversa respecto de un hecho del mundo, positiva o negativa, laudable o reprobable. El enunciado normativo contiene un juicio de valor, no un juicio de hecho como el enunciado descriptivo. En consecuencia, su valor veritativo verdadero o falso no puede ser elucidado por ciencias como la Física, Química, Biología, etc., las cuales se ocupan de estudiar y describir cómo son los hechos del mundo empírico, no cómo deberían ser. En cuanto son enunciados, en principio también pueden ser verdaderos o falsos, pero obviamente no en el mismo sentido que los enunciados descriptivos.

Los enunciados normativos suelen presentar ciertos marcadores del discurso típicos de cada lengua, como sucede en castellano con las perífrasis "ha de", "debe de", "obligado a", con el verbo "deber" en particular y con pares conceptuales evaluativos del tipo bien-mal, bueno-malo, correcto-incorrecto, justificado-injustificado, permitido-prohibido, etc. Ahora bien, aun cuando la cópula "es" suele ser un marcador del discurso indicativo de enunciados descriptivos, puede inducir a confusión en aquellos casos en que se integra en un enunciado normativo, como sucede con (18).

Por último, no obstante la diferencia expuesta entre enunciados descriptivos y normativos, ello no supone que carezcan de todo vínculo o deban merecer siempre el tratamiento de estructuras irreconciliables, y de hecho su consideración conjunta es crucial en ciertos debates en Ética, como es el caso del relativismo moral.

11

Existen diversos tipos de enunciados normativos, prescriptivos o evaluativos y no todos ellos quedan adscritos a la Ética. Considérense los siguientes enunciados:

(19) En las autovías está prohibido circular a más de 120 km/hora
(20) Esta canción es muy aburrida
(21) No se debe comer con las manos
(22) Mercedes-Benz es una buena marca de automóviles
(23) Contravenir el Evangelio es pecado
(24) Mentir es un acto despreciable y debe ser evitado

Todos ellos son enunciados normativos, por cuanto expresan una valoración positiva o negativa, favorable o desfavorable, acerca de ciertos hechos del mundo; pero no todos contienen una evaluación *moral*. Ello sucede porque no toda normatividad constituye una normatividad moral, sino que existen normas distintas a las adscribibles en sentido estricto al ámbito de la Ética. Así, (19) expresa una normatividad jurídica, prescrita por el Derecho y no por la Ética; (20) tampoco expresa un juicio ético sino estético, cuya evaluación intrínseca resulta absurdo calificar en términos morales de bueno o malo; (21) remite a modales, urbanidad o normas de etiqueta, incluso a criterios higiénicos y de salud, pero a nadie se le ocurre afirmar razonablemente que quien come con las manos es, en sentido moral, malo o una mala persona, en todo caso maleducado, grosero o guarro; (22) expresa una valoración favorable a una marca comercial porque cumple óptimamente su función como fabricante de automóviles, pero no porque sea "buena" en sentido moral sino más bien en el sentido de "eficaz"; (23) contiene una prescripción vinculada a la Religión, pero sin efectos normativos para quien sea ateo, laico, agnóstico o simplemente para quien profese una religiosidad diferente; solo (24) expresa una normatividad de tipo moral, al valorar negativamente la mentira y positivamente su elusión, pues la considera mala en sentido moral y no jurídico, estético, sobre modales o eficacia ni en sentido religioso. En consecuencia, (19), (20), (21), (22), (23) y (24) serían enunciados normativos, pues todos ellos contienen una valoración sobre cómo *debería ser el mundo*, pero solo (24) corresponde al tipo de enunciados estudiados por la Ética, por ser el único que contiene una valoración sobre cómo *debería ser el mundo desde una perspectiva moral*.

Recapitulando los diversos tipos de enunciados expuestos en el presente apartado, pueden ser descriptivos o normativos. A su vez, los enunciados o juicios normativos pueden ser éticos, jurídicos, estéticos, religiosos o de costumbres —estos últimos englobarían a los basados en normas referidas a usos y hábitos sociales, tradiciones, modales, educación, urbanidad, etiqueta, decoro, higiene, etc.—. Pero la Ética, al menos en principio y en sentido estricto, se ocuparía solo de los enunciados normativos construidos sobre valoraciones morales y no de otra índole.

TEMA 1. LENGUAJE Y PENSAMIENTO CRÍTICO
EJERCICIOS

1.1) En los siguientes textos:
a) Acota los enunciados y enuméralos en orden de aparición;
b) Distingue entre las premisas y la conclusión del argumento;
c) Representa gráficamente la estructura del argumento.

1. «Mis razones para que te cases conmigo (Elizabeth) son, primero, que pienso que es una buena idea que todo pastor en circunstancias holgadas —como las mías— siembre el ejemplo del matrimonio en su parroquia. Segundo, que estoy convencido de que incrementará soberanamente mi felicidad; y tercero —lo que quizás debería haber mencionado antes—, que es la recomendación y el consejo particular de la nobilísima señora bajo cuya protección tengo el honor de encontrarme». Jane Austen, *Orgullo y prejuicio*, cap. XIX.

2. «Te encuentras ante una triste alternativa, Elizabeth. (...) Tu madre nunca volverá a verte si no te casas con Mr. Collins, y yo nunca volveré a verte si te casas con él». Jane Austen, *Orgullo y prejuicio*, cap. XX.

3. «César: Casio tiene la cara enjuta y famélica. Piensa demasiado: tales hombres son peligrosos». William Shakespeare, *Julio César*.

4. «Pero, inmediatamente después, advertí que, mientras deseaba pensar de este modo que todo era falso, era absolutamente necesario que yo, que lo pensaba, fuese alguna cosa. Y dándome cuenta de que esta verdad, "Pienso, luego existo", era tan firme y tan segura que todas las más extravagantes suposiciones de los escépticos no eran capaces de hacerla tambalear, juzgué que podía admitirla sin escrúpulo como el primer principio de la filosofía que yo indagaba». Descartes, *Discurso del método*, IV.

5. «Mario es un mal estudiante, pasa la mayor parte del día viendo la televisión».

6. «¡Lo siento señor, pero solo pueden votar aquellos ciudadanos cuyos nombres aparecen en mi lista de electores!».

7. «Puesto que vemos que toda ciudad es una cierta comunidad, y que toda ciudad está constituida con miras a algún bien, porque en vista de lo que les parece bueno todos obran en todos sus actos, es evidente que todas tienden a un cierto bien, pero sobre todo tiende al supremo la soberana entre todas y que incluye a todas las demás. Ésta es la llamada ciudad y comunidad cívica». Aristóteles, *Política*, 45-46 (1252a).

8. «Cada vez que un hombre transfiere su derecho, o renuncia a él, es o por consideración de algún derecho que le es recíprocamente transferido, o por algún otro bien que espera obtener de ello, porque es un acto voluntario, y el objeto de los actos voluntarios de todo hombre es algún bien para sí mismo». Thomas Hobbes, *Leviatán*, Cap XIV.

9. «La empresa Ford se siente orgullosa de patrocinar al Valencia CF».

13

10. «Habiendo conocido desde el colegio que no podría imaginarse algo tan extraño y poco comprensible que no haya sido afirmado por alguno de los filósofos; habiendo tenido noticias por mis viajes de que todos aquellos cuyos sentimientos son muy contrarios a los nuestros no por ello deben ser juzgados como bárbaros o salvajes, sino que muchos de entre ellos usan la razón tan adecuadamente o mejor que nosotros; habiendo reflexionado sobre cuán diferente llegaría a ser un hombre que con su mismo ingenio fuese criado desde su infancia entre franceses o alemanes, en vez de haberlo sido entre chinos o caníbales, y cómo hasta en las modas de nuestros trajes observamos que lo que nos ha gustado hace diez años, y acaso vuelva a producirnos agrado dentro de otros diez, puede, sin embargo, parecernos ridículo y extravagante en el momento presente, de modo que más parece que son la costumbre y el ejemplo los que nos persuaden y no conocimiento cierto alguno; habiendo considerado finalmente que la pluralidad de votos no vale en absoluto para decidir sobre la verdad de cuestiones de difícil indagación, pues más verosímil es que sólo un hombre las descubra que todo un pueblo, no podía escoger persona alguna cuyas opiniones me pareciesen que debían ser preferidas a las de otra y por todo ello me encontraba obligado a emprender por mí mismo la tarea de conducirme». Descartes, *Discurso del método*, segunda parte.

1.2) Señala si las siguientes frases son anacolutos (A), interjecciones, locuciones o expresiones coloquiales (I) u oraciones (O) o estructuras gramaticales sin valor de oración en el sentido de esta asignatura (EG).

1. En un abrir y cerrar de ojos
2. La niño se zambulló en los río
3. El águila entró en el aula
4. ¡Apaga y vámonos!
5. Al César lo que es del César y a Dios lo que es de Dios
6. Jugaban al parchís los niños
7. ¿Jugaban al parchís los niños?
8. Había muchos aficionados en el partido
9. Más pesado que una vaca en brazos
10. Dábale arroz a la zorra el abad
11. De par en par
12. El ingenioso hidalgo Don Quijote de la Mancha
13. ¿Conseguiste aprobar el examen en primera convocatoria?
14. Barcelona es la capital de España
15. La falacia es un razonamiento inválido
16. No se ganó Zamora en una hora
17. El crepúsculo de los ídolos
18. El imperio contraataca
19. A tontas y a locas
20. Anacolutos, interjecciones, oraciones y enunciados

1.3) Señala si las siguientes frases son oraciones (O) o enunciados (E) o estructuras gramaticales sin valor de oración en el sentido de esta asignatura (EG).

1.   El Real Madrid mañana ganará el partido

2.   El Real Madrid ayer ganó el partido

3.   Jugaban al parchís los niños

4.   ¿Jugaban al parchís los niños?

5.   El imperio contraataca

6.   La ocasión hace al ladrón

7.   Todos los europeos son franceses

8.   Todos los franceses son europeos

9.   Me casaré contigo si me tratas como a una reina

10.   Mañana me tocará la lotería

11.   Mañana saldrá el Sol por el Este

12.   Todos los solteros son casados

13.   Las leyes son permisivas, imperativas o prohibitivas

14.   Juana debe dinero a su padre

15.   Juana debe respeto a su padre

16.   Juana debe haber llegado ya

17.   Como el rosario de la aurora

18.   La reunión acabó como el rosario de la aurora

19.   Nos veremos en el campo del honor

20.   Si llueve el próximo martes no iremos a clase

1.4) Señala si las estas frases son enunciados descriptivos (ED), normativos (EN) o estructuras gramaticales sin valor de oración en el sentido de esta asignatura (EG). En caso de tratarse de un enunciado descriptivo, señala si su criterio de adveración sería el propio de una cuestión de hecho (CH) o de una relación de ideas (RI).

1.   Juana debe dinero a su padre

2.   Juana debe respeto a su padre

3.   Juana debe haber llegado ya

4.   La reunión acabó como el rosario de la aurora

5.   Todos los solteros son casados

6.   El sentido del deber es un valor castrense clave

7.   Beyoncé es la mejor cantante de pop

8.   Beyoncé es su cantante de pop favorita

9.   Abandonar a los hijos menores es un pecado

10.	Abandonar a los hijos menores es un delito
11.	Un mueble antiguo no debe decorar una habitación moderna
12.	Un color se le iba y el otro se le venía
13.	Un color es rojo y el otro azul
14.	Dos brazos y dos piernas suman cuatro extremidades
15.	No debes hablar con la boca llena
16.	El Danubio es azul
17.	Esta mujer es muy mala
18.	El triángulo es un polígono de tres lados y tres ángulos
19.	Un Estado sin sanidad pública es inadmisible
20.	Un Estado sin sanidad pública es ineficaz

1.5) Señala si las estas frases son enunciados descriptivos (ED) o normativos (EN). En caso de tratarse de un enunciado normativo, señala si está vinculado a la Ética (E), el Derecho (D), la Estética (T), la Religión (R) o la costumbre (C). Si carecen del valor de enunciado en el sentido de esta asignatura, señálalas como oración (O).

1.	Abandonar a los hijos menores es un pecado
2.	Juana debe respeto a su padre
3.	Mentir es un verbo no defectivo
4.	Mentir no es un defecto
5.	Debes lavarte las manos antes de comer
6.	¡Lávate las manos antes de comer!
7.	Beyoncé es la mejor cantante de pop
8.	Querer es poder
9.	Poder es deber
10.	En este municipio está prohibida la venta ambulante
11.	En este municipio no se debe realizar venta ambulante
12.	Un mueble antiguo no debe decorar una habitación moderna
13.	No debes hablar con la boca llena
14.	Todos deben obedecer la voluntad divina
15.	Messi es mejor futbolista que Ronaldo
16.	Mercedes es mejor coche que Skoda
17.	La selección española ganará mañana el partido
18.	Los Martínez deben la hipoteca al banco
19.	Un Estado sin sanidad pública es inadmisible
20.	Un Estado sin sanidad pública es ineficaz

TEMA 2. INFERENCIAS Y RAZONAMIENTOS

2.1 INFERENCIA Y RAZONAMIENTO. CONCEPTO

El Diccionario de la Lengua de la Real Academia Española define "inferir" en su primera acepción como «Sacar una consecuencia o deducir algo de otra cosa». Así, inferimos cuando extraemos alguna consecuencia o consecuencias a partir de una cierta información previa. Por tanto, inferir es una operación del intelecto humano mediante la cual razona a partir de la información disponible para extraer una consecuencia de dicha información. Pero conviene destacar que dicha información, además de ser previa, está disponible de modo explícito para quien infiere; en cambio, la consecuencia subyace de modo implícito en la información previa y solo se hace explícita tras el acto intelectivo de inferir. En Teoría de la Argumentación llamamos premisas a la aludida información previa explícita, y conclusión a la consecuencia extraída de la información previa y explicitada mediante una inferencia, la acción y el efecto de inferir; y llamamos razonamiento al conjunto de enunciados constituido por las premisas y su conclusión.

Ahora bien, resulta evidente que el intelecto de los seres humanos es falible, pues no siempre razona bien. Esto significa que nuestras inferencias pueden ser correctas o incorrectas, verdaderas o falsas. En general, puede decirse que si las premisas ofrecen fundamento adecuado para extraer y aceptar la conclusión, si puede afirmarse que las premisas garantizan que la conclusión es verdadera, entonces la inferencia es correcta. En caso contrario, será incorrecta. El objeto central de la Lógica, y en buena medida también de la Teoría de la Argumentación, es la distinción entre la inferencia correcta y la incorrecta. Los métodos y técnicas aplicados por ambas disciplinas han sido desarrollados básicamente con el propósito de establecer dicha distinción. Ambas pretenden analizar todo razonamiento, pero solo desde la perspectiva de su corrección e incorrección, es decir, sin valorar ni tener en cuenta el contenido del razonamiento analizado.

Relación entre premisas y conclusión. Como se dijo, inferir es una operación intelectual consistente en extraer una afirmación, llamada conclusión, a partir de otra u otras afirmaciones, llamadas premisas. Por ello, la premisa y la conclusión son correlativas. No obstante, debe tenerse en cuenta que, en el contexto de una argumentación, no toda afirmación es propuesta como premisa, del mismo modo que no toda persona es un trabajador. Así como una persona se convierte en trabajador cuando se vincula en una relación laboral, una afirmación se convierte en premisa cuando se coloca en la relación de suministrar evidencia para una conclusión. Ahora bien, la relación entre premisa y conclusión no siempre es unívoca ni biunívoca, sino que habitualmente se requiere más de una premisa para establecer una sola conclusión, del mismo modo que, a partir de una misma premisa o conjunto de premisas, puede extraerse más de una conclusión.

Marcadores del discurso de tipo "en consecuencia", "por tanto", etc., indican haber ofrecido antes premisas a partir de las cuales se extrae la conclusión; y los del tipo "porque", "dado que", etc., anticipan el ofrecimiento de premisas para apoyar una conclusión ya enunciada, proporcionar evidencia en favor de una conclusión. Ahora bien, las premisas son evidencia para la conclusión solo si guardan con ésta cierta relación. La relación premisa-conclusión que justifica aseverar que la conclusión se desprende de la premisa es una relación de implicación. Si dicha relación rige, se dice entonces que las premisas implican la conclusión y que la conclusión se desprende de las premisas.

2.2 TIPOLOGÍA DE RAZONAMIENTOS: DEMOSTRATIVOS Y NO DEMOSTRATIVOS

Según los párrafos precedentes, razonamiento es, desde el punto de vista lógico, un conjunto de afirmaciones en el cual una afirmación o conclusión es extraída a partir de la evidencia proporcionada por las demás afirmaciones o premisas; e inferir sería la operación intelectual mediante la cual extraemos la conclusión de las premisas. Ahora bien, independientemente de la corrección o incorrección de la inferencia y de la veracidad o falsedad de la conclusión, no todos los razonamientos son iguales, sino que, en ellos, la operación intelectual subyacente a la inferencia discurre de modo distinto. Aunque existan diversas clasificaciones en mayor o menor medida admisibles sobre los tipos de razonamiento, por su sencillez y grado de aceptación optaremos por la siguiente.

A) Demostrativos. En ellos, las premisas proporcionan evidencia concluyente para extraer la conclusión, y por tanto la conclusión se desprende necesariamente de las premisas. El razonamiento demostrativo por excelencia es la deducción.

B) No demostrativos. En ellos, las premisas no proporcionan evidencia concluyente para extraer la conclusión, y por ello la conclusión no se desprende necesariamente de las premisas, solo probablemente. Los razonamientos no demostrativos pueden ser básicamente de cuatro tipos:

a) Inducción. A partir de premisas constituidas por observaciones o enunciados particulares, la inferencia extrae un principio general implícito en ellas. La inducción puede ser completa, incompleta o eliminativa.

b) Abducción. Aunque la Real Academia la define como un silogismo cuya premisa mayor es evidente y la menor menos evidente o solo probable, en Lógica y Teoría de la Argumentación suele definírsela como la inferencia que proporciona la mejor explicación. En sus *Primeros analíticos* (II, 25), Aristóteles la concibió según la primera definición, afirmando que las premisas solo brindan cierto grado de probabilidad a la conclusión. Peirce considera a la abducción sinónimo de conjetura, pero no la concibe como un mero silogismo sino como una de las tres formas de razonamiento junto a deducción e inducción.

18

c) Analogía. El razonamiento por analogía o razonamiento analógico está basado en la existencia de atributos semejantes en entidades diferentes A y B; las premisas afirman esta semejanza y además que uno de los entes comparados (A) presenta una característica, y la conclusión afirma que el otro ente (B) también la posee. Por ejemplo, «Dado que (A) toda casa tuvo un constructor y que (B) el mundo es como una gran casa, entonces (B) el mundo también tuvo un constructor». Aunque la mayoría de nuestras inferencias cotidianas proceden por analogía, debe recordarse que el razonamiento por analogía es no demostrativo, y por ello las premisas no implican necesariamente la conclusión y ésta no se desprende de aquéllas de modo necesario, solo probable.

d) Método hipotético-deductivo. En su *Diccionario esencial de las ciencias*, la Real Academia de Ciencias Exactas, Físicas y Naturales, señala que el método hipotético-deductivo tiene por finalidad validar una hipótesis, y distingue dos fases para validar las teorías científicas; una primera fase de predicción —hipótesis—, esencialmente teórica y empleada para predecir los hechos de forma racional, y otra fase —deducción— dominada por la racionalidad práctica de la experimentación.

Este planteamiento podría desarrollarse en detalle distinguiendo estas fases y aplicando el siguiente ejemplo:

1ª Observación. En el siglo XIX se había observado que la órbita de Urano divergía de la prevista por las leyes de Newton y Kewpler.

2ª Formulación de hipótesis. La comunidad de astrónomos de la época especuló con que dicha irregularidad podría ser producida por la atracción de otro planeta en una órbita exterior.

3ª Deducción de consecuencias a partir de dicha hipótesis.
   a) Dicho planeta X debía tener una masa Y, y debía encontrarse en punto Z del cielo.
   b) Por tanto, debería observarse con un telescopio en el punto Z y en un momento t1.
   En base a ambas, el astrónomo Urbain Le Verrier (1811-1877) estudió la cuestión, y solo a partir de la irregularidad observada y de sus cálculos matemáticos, predijo la posición de dicho planeta.

4ª Verificación. Le Verrier indicó la posición del planeta X a Johann Gottfried Galle (1812-1910), quien la detectó con un potente telescopio a menos de un grado de latitud de la localización prevista por aquél. El nuevo planeta recibió el nombre de Neptuno. La hipótesis había sido verificada como cierta de modo empírico.

TIPOLOGÍA RAZONAMIENTOS

DEMOSTRATIVOS
1. *A priori*
2. Transcurren de lo general a lo particular
3. Su criterio de adveración es el principio de no contradicción
4. Su conclusión es necesaria
5. No amplían el conocimiento
6. Por excelencia, la deducción

NO DEMOSTRATIVOS
Inducción — Completa o enumerativa
            — Incompleta o estadístico-probabilística
Abducción — Negativa o eliminativa
Método hipotético-deductivo
1. *A posteriori*
2. Transcurren de lo particular a lo general
3. Su criterio de adveración es la correspondencia con los hechos
4. Su conclusión es solo contingente o probable
5. Amplían el conocimiento
6. Por excelencia, la inducción

2.3 DEDUCCIÓN

El razonamiento demostrativo por excelencia es la deducción y sus caracteres básicos son:

1 La inferencia transcurre de uno o varios enunciados generales a un enunciado o caso particular.

2 La inferencia procede *a priori* y está basada en el principio de no contradicción.

3 La conclusión es necesaria, no puede ser de otra manera, porque está implicada de modo apodíctico por las premisas.

4 La conclusión no amplía el conocimiento previo contenido en el enunciado o enunciados generales que constituyen las premisas.

Ejemplo:

> Todos los hombres son mortales
> Sócrates es hombre
> ---
> Sócrates es mortal

2.4 INDUCCIÓN

Razonamiento no demostrativo en el cual, a partir de premisas constituidas por observaciones o enunciados particulares, la inferencia extrae un principio general implícito en ellas. La inducción puede ser:

1 Completa o enumerativa: la aplicada a conjuntos integrados por un número finito o contable de elementos, como por ejemplo los días del año o los habitantes empadronados en una ciudad.

2 Incompleta: la aplicada a conjuntos integrados por un número potencialmente infinito o incontable de elementos, como por ejemplo las bacterias o los cuerpos susceptibles de ser atraídos por la gravitación universal.

3 Eliminativa o negativa: la aplicada mediante descarte sucesivo a conjuntos integrados por un número finito o contable de elementos, como por ejemplo la empleada por la policía al adverar o falsear sucesivamente las respectivas coartadas de un grupo de sospechosos de haber cometido un crimen.

2.5 PRINCIPIO DE BIVALENCIA: VERDAD Y FALSEDAD

Un enunciado atómico es verdadero (V) cuando corresponde con un estado de hechos, es decir, cuando la propiedad atribuida por el predicado corresponde realmente a la entidad o entidades individuales designadas; y en caso contrario es falso (F).

Así, por ejemplo, el enunciado atómico "El Everest es la montaña más elevada del mundo", será verdadero (V) si la montaña Everest tiene efectivamente la propiedad de ser la más alta del mundo, y falso (F) en caso contrario.

En consecuencia, decidir si un enunciado atómico es verdadero o falso no es una cuestión de análisis lógico sino de información empírica, pues los enunciados atómicos siempre predican algo sobre hechos del mundo, y acerca de los hechos informa la experiencia, no la Lógica.

Todo enunciado es verdadero o falso, pero no ambas cosas a la vez. Este es el llamado principio de bivalencia y fue acuñado por Aristóteles. Se denomina clásica a la lógica conforme al principio de bivalencia y constituye el planteamiento disciplinar seguido por este manual introductorio. Tras la obra de Aristóteles, la Lógica siguió considerando válido el principio de bivalencia hasta el siglo XX en que se ha planteado sistemáticamente su no aceptación, lo cual ha conducido al surgimiento de las denominadas lógicas no clásicas. Entre estas figuran las lógicas multivalentes, en las cuales el número de valores de verdad de los enunciados puede ser superior a dos —"verdadero", "falso", "contradictorio", "indeterminado", etc.—, y cuya aplicación se emplea básicamente para formalizar las teorías indeterministas de la física cuántica.

Cuando un enunciado es verdadero (V), se dice que tiene valor de verdad positivo (+), y cuando es falso (F) que tiene valor de verdad negativo (–). La verdad y falsedad de los enunciados recibe en conjunto el nombre de valores de verdad o valores veritativos: la verdad (V) es el valor de verdad positivo (+) y la falsedad (F) es el valor de verdad negativo (–).

2.6 VALIDEZ Y VERDAD O FALSEDAD DEL RAZONAMIENTO

La Lógica y la Teoría de la Argumentación analizan la corrección o validez de los razonamientos y argumentos desde un punto de vista estrictamente formal, es decir, independientemente de su contenido material y del valor veritativo (verdad o falsedad) de las premisas y conclusiones empleadas. Esto significa que, en estas áreas de conocimiento, la validez o invalidez del razonamiento, por una parte, y la verdad o falsedad de las premisas y/o conclusión, por otro, son dos cuestiones diferentes. La relación lógica de implicación existente entre las premisas y su conclusión no determina que la premisa o premisas, ni la conclusión, sean verdaderas. Por tanto,

1º La validez de un razonamiento es independiente del valor veritativo de las premisas y la conclusión.

P_1	Venus es el Sol (F)	$A = B$	
P_2	El Sol es el primer lucero del alba (F)	$B = C$	Razonamiento válido
⊢	Venus es el primer lucero del alba (V)	$A = C$	

2º La validez de un razonamiento no garantiza la verdad de la conclusión.

P$_1$	Todos los europeos son españoles (F)	Todo A = B	
P$_2$	Todos los españoles son madrileños (F)	Todo B = C	Razonamiento válido
⊢	Todos los europeos son madrileños (F)	Todo A = C	

En definitiva, la corrección formal o validez de un razonamiento no depende del valor veritativo (V/F) de las premisas y la conclusión. Por ello, entre la validez y el valor de verdad o falsedad de las premisas y la conclusión, pueden darse todo tipo de combinaciones posibles. No obstante, entre todas las combinaciones posibles de los elementos de un argumento (razonamiento válido/inválido, premisas verdaderas/falsas, conclusión verdadera/falsa), conviene destacar tres:

1ª Si el razonamiento es válido y las premisas son verdaderas, puede afirmarse que la conclusión es verdadera: hay criterios lógicos para considerar la conclusión verdadera.

2ª Si el razonamiento es válido y una o todas las premisas son falsas, no puede afirmarse que la conclusión sea verdadera o falsa: no hay criterios lógicos para considerar la conclusión verdadera.

3ª Si el razonamiento es inválido y las premisas son verdaderas, la consecuencia extraída ni siquiera es propiamente una conclusión, pues no se desprende lógicamente de las premisas.

Recapitulando, las inferencias y razonamientos dejan de ser un proceso exclusivamente mental cuando empleamos el lenguaje natural para convertirlo en un argumento. Un argumento es un conjunto de enunciados con el que se pretende probar o demostrar una proposición. El enunciado o enunciados que aportan la prueba son las premisas y el enunciado que se pretende demostrar es la conclusión. Pero la validez o invalidez de un argumento es independiente del valor veritativo verdadero o falso de las premisas y la conclusión, pues la validez es una propiedad formal del conjunto de enunciados que constituye el argumento, mientras que la verdad o falsedad es una propiedad de sus enunciados.

Por ello, es posible afirmar de un enunciado que es verdadero, como en el caso de "La Tierra es redonda", o falsos, como en el caso de "La Tierra es cuadrada"; pero resulta absurdo afirmar que son válidos o inválidos, como en los ejemplos citados. Y viceversa, de un argumento como "Si todos los hombres son mortales y Sócrates es hombre, entonces Sócrates es mortal", puede afirmarse que es válido o inválido, pues la validez es una propiedad formal predicada de la relación lógica existente entre el conjunto de enunciados integrantes del argumento, y formal en el sentido de puramente dependiente de su estructura (sintaxis) e independiente de su significado (semántica); pero resulta absurdo afirmar que en sí mismos sean verdaderos o falsos, solo es posible afirmar que su conclusión es verdadera o falsa. En general, es válido —deductivamente— todo argumento en el cual, si las premisas son verdaderas, la conclusión es necesariamente verdadera; o en otras palabras, un argumento es válido cuando es imposible que sus premisas sean verdaderas y su conclusión sea falsa.

TEMA 2. INFERENCIAS Y RAZONAMIENTOS
EJERCICIOS

2.1) Los siguientes fragmentos contienen un solo razonamiento, indica su premisa y conclusión.

1. «Pero, sostienen, el hombre desea vivir en sociedad; por lo tanto, debe renunciar a una parte de su bien privado en pro del bien público». Marqués de Sade, *Juliette*.

2. «Debe haber sustancias simples, puesto que las hay compuestas; ya que una sustancia compuesta no es nada más que una colección o agregado de sustancias simples». Gottfried Leibniz, *Monadología*.

3. «...cuando un hombre ve un espejismo en el desierto, no está percibiendo nada material, pues el oasis que cree percibir no existe». Alfred J. Ayer, *Los fundamentos del conocimiento empírico*.

4. «Se piensa que todo arte y toda indagación, así como toda acción y prosecución, tienden a algún bien, y por esta razón se ha declarado correctamente que el bien es aquello a que tienden todas las cosas». Aristóteles, *Ética a Nicómaco*.

5. «Venus y Mercurio deben girar alrededor del Sol, porque nunca se alejan mucho de él y porque tan pronto se les ve de este lado como del otro del Sol». Galileo Galilei, *Diálogo sobre los dos sistemas del mundo*.

2.2) Los siguientes fragmentos contienen varios razonamientos, distínguelos por separado e indica su premisa y conclusión.

1. «La materia es actividad, y por lo tanto un cuerpo está allí donde actúa; y puesto que toda partícula de materia actúa sobre todo el universo, todo cuerpo está en todas partes». R. G. Collingwood, *La idea de naturaleza*.

2. «Puesto que un individuo, abandonado a sí mismo, no puede alcanzar todas las cosas buenas que podría obtener en caso contrario, debe vivir y trabajar con otros. Pero la sociedad no es posible sin simpatía y amor; por lo tanto, la virtud primaria que todos tienen el deber de desarrollar es el amor por la humanidad». M. M. Sharif, *Pensamiento musulmán*.

3. «Puesto que los aldeanos hindúes nunca matan a una vaca, el único ganado disponible para comer es el que muere de muerte natural; comer carne, por lo tanto, equivale a comer carroña». H. E. Hinton, *Los caparazones de los huevos de insectos*.

4. «—…por lo que veo, usted ha estado todo el día en su club.

—¡Mi querido Holmes!

—¿Tengo razón?

—Ciertamente, pero, ¿cómo…?

—Tiene usted una encantadora ingenuidad, Watson, que convierte en placer el ejercicio a sus expensas de cualquier pequeña habilidad que yo pueda poseer. Un caballero sale en un día lluvioso y fangoso. Vuelve inmaculado a la tarde, y su sombrero y sus botas conservan su brillo. Ha estado dentro, por lo tanto, todo el día. No es un hombre que tenga amigos íntimos. ¿Dónde, pues, puede haber estado? ¿No es obvio?». A. Conan Doyle, *El perro de los Baskerville.*

2.3) En los siguientes razonamientos, extrae la conclusión a partir de las premisas.

1. P_1 El lunes Juan se emborrachó con ginebra y tónica

    P_2 El martes Juan se emborrachó con ron y tónica

    P_3 El miércoles Juan se emborrachó con whisky y tónica

    P_4 El jueves Juan se emborrachó con vodka y tónica

2. P_1 Todos los peces proceden de un ancestro común

    P_2 Todos los anfibios proceden de un ancestro común

    P_3 Todos los reptiles proceden de un ancestro común

    P_4 Todas las aves proceden de un ancestro común

    P_5 Todos los mamíferos proceden de un ancestro común

3. P_1 Los optimistas tienen más posibilidades de éxito que los pesimistas

    P_2 Juan es optimista

    P_3 Pedro es pesimista

4. P_1 Si hay millones de planetas habitables en nuestra galaxia, entonces parece probable que la vida exista en más planetas que en éste

    P_2 Hay millones de planetas habitables en nuestra galaxia

5. P_1 Si el perro no hubiera conocido al ladrón, entonces hubiera ladrado

    P_2 El perro no ladró

6. P_1 Si usted estudia otras culturas, comprenderá que existe una diversidad de costumbres humanas

    P_2 Si usted comprende que existe una diversidad de costumbres humanas, entonces pone en duda sus propias costumbres

7. P_1 El progreso puede proceder del perfeccionamiento moral o del perfeccionamiento de la inteligencia

    P_2 El progreso no procede del perfeccionamiento de la moral

8. P₁   Podemos ir al circo o a patinar
    P₂   Si vamos al circo, lo pasaremos bien
    P₃   Si vamos a patinar, lo pasaremos bien

2.4) En los siguientes párrafos, señala:
a) La premisa y la conclusión del argumento.
b) Si contiene un razonamiento deductivo o inductivo.
c) Si contiene un argumento demostrativo o no demostrativo.

1. «Los recién nacidos lloran cuando tienen hambre. De hecho, mis nietos Juan, Jaime, Alicia, Rosa y Pedro son recién nacidos y lloran cuando tienen hambre».

2. «Desde la crisis del petróleo, países no productores como España atraviesan dificultades económicas».

3. «Antonio no es fiel: todos los perros son fieles y él no es un perro».

4. «La empresa constructora Pelotazo SA ha sufrido graves pérdidas debido a la crisis inmobiliaria».

5. «Algunos europeos hablan inglés. Algunos alemanes, españoles, franceses, holandeses e italianos son europeos y hablan inglés».

6. «Puesto que las pruebas demuestran que se necesitan al menos 2,3 segundos para accionar el cerrojo del rifle de Oswald, obviamente éste no puede haber disparado tres veces —hiriendo a Kennedy dos veces y una a Connally— en 5,6 segundos o menos». Comisión Warren, *Autopsia*.

7. «Un jardinero que cultiva su propio jardín con sus propias manos une en su persona los tres caracteres diferentes del terrateniente, el granjero y el jornalero. Su producción, por lo tanto, debe brindarle la renta del primero, el beneficio del segundo y el salario del tercero». Adam Smith, *La riqueza de las naciones*.

8. «Los medios abundantes de vida aumentan la fortaleza corporal del jornalero, y la reconfortante esperanza de mejorar su situación y de terminar sus días tal vez en la comodidad y la abundancia lo anima a ejercer esa fortaleza al máximo». Adam Smith, *La riqueza de las naciones*.

9. «Ante todo, es dudoso lo que el filósofo realmente sostiene sobre este punto, pues habla de diferente manera en diferentes lugares y tienen diferentes principios, de algunos de los cuales parece inferirse una cosa, mientras que de otros puede inferirse lo opuesto. Por ende, es probable que siempre tuviera dudas acerca de esta conclusión, y en un momento parece inclinarse hacia un lado y en otros momentos hacia el otro, según que el tema que trate en el momento esté más de acuerdo con uno que con otro». Duns Escoto, *Comentario oxoniense sobre las sentencias de Pedro Lombardo*.

25

10. «Por supuesto, en el transistor no hay ningún filamento o elemento de calentamiento que se queme. Por consiguiente, los transistores pueden durar casi indefinidamente, a menos que se los maltrate o se deterioren por la difusión de vapor de agua por la envoltura, etcétera». Leonard Engel, *Un pequeño artefacto con un gran futuro.*

2.5) En los siguientes argumentos, señala:
a) El valor veritativo (V/F) de las premisas y la conclusión.
b) Si el razonamiento implícito es válido o inválido.
c) Si el argumento es concluyente o inconcluyente.

1. P_1 Todas las arañas tienen seis patas
  P_2 Todos los seres de seis patas tienen alas
  $\vdash$ Todas las arañas tienen alas

2. P_1 Si nieva, hace frío
  P_2 Hace frío
  $\vdash$ Por tanto, nieva

3. P_1 Si tuviera la gripe tendría la garganta irritada
  P_2 Tengo la garganta irritada
  $\vdash$ Por tanto, tengo la gripe

4. P_1 Si estoy soltero, entonces no estoy casado
  P_2 No estoy casado
  $\vdash$ Por tanto, estoy soltero

5. P_1 Quien tuviera todo el oro de Alí Babá sería muy rico
  P_2 No tengo todo el oro de Alí Babá
  $\vdash$ Por tanto, no soy muy rico

6. P_1 Si Emilio Botín tuviera todo el oro de Alí Babá sería muy rico
  P_2 Emilio Botín no tiene todo el oro de Alí Babá
  $\vdash$ Emilio Botín no es muy rico

7. P_1 Si nieva, hace frío
  P_2 No nieva
  $\vdash$ Por tanto, no hace frío

8. P_1 Si estudio, apruebo
  P_2 No estudio
  $\vdash$ Por tanto, no apruebo

9.   P₁   Todos los policías son altos
       P₂   Algunos policías son londinenses
       ⊢   Algunos londinenses son altos

10.   P₁   Todos los gatos son animales falderos
       P₂   Algunos gatos son feos
       ⊢   Algunos animales falderos son feos

TEMA 3. TIPOLOGÍA DE INFERENCIAS (I): INMEDIATAS

3.1 LA PROPOSICIÓN CATEGÓRICA

El esquema general de toda proposición categórica de forma típica sería este:

cuantificador + término sujeto (S) + cópula + término predicado (P)

La cuantificación puede exponerse intuitivamente como la aplicación de las partículas "todo" o "alguno" —y sus negaciones "ningún" y "alguno... no"— a las funciones proposicionales, que son esquemas vacíos de enunciados. El mecanismo de tal aplicación se manifiesta partiendo de funciones proposicionales con estructura simple. Así, el enunciado «Alguien es mortal» puede entenderse como la clausura, mediante la partícula "alguien", de la función proposicional «x es mortal», esquema vacío de un enunciado atómico.

También puede suceder que el cuantificador cierre simultáneamente dos esquemas de enunciado atómico, como asimismo puede cerrar, en principio, funciones proposicionales de mayor grado de complejidad. Así, el enunciado «Algún hombre es mortal» puede entenderse como la cuantificación simultánea de dos esquemas yuxtapuestos de enunciado atómico: «x es hombre» y «x es mortal».

Análogamente, la proposición «Todo hombre es mortal» puede entenderse como la aplicación de la partícula "todo" a una matriz compuesta de los predicados: «x es hombre» y «x es mortal». Las proposiciones consistentes en la cuantificación simultánea de dos predicados combinados entre sí suelen llamarse *proposiciones categóricas*.

En las proposiciones categóricas suelen distinguirse dos términos: sujeto (S) y predicado (P). Conforme a la cantidad, pueden ser universales o particulares, según si el cuantificador sea "todo" o "alguno"; conforme a la cualidad, pueden ser afirmativas o negativas, según si en ellas no aparece o aparece la partícula "no". Combinando ambos criterios de clasificación por cantidad y cualidad resultan cuatro tipos de proposición categórica, cuyos esquemas habituales, con sus respectivas denominaciones, se indican a continuación:

universal afirmativa	Todo S es P	A	SaP
universal negativa	Ningún S es P	E	SeP
particular afirmativa	Algún S es P	I	SiP
particular negativa	Algún S no es P	O	SoP

Cada uno de estos esquemas se designan abreviadamente con las vocales mayúsculas A, E, I, O. El uso de estas abreviaturas se remonta al siglo XI, con Psellus: A, I son vocales de la palabra latina *AffIrmo*, y E, O las de su opuesta *nEgO*.

Los términos S y P de la proposición categórica están enlazados por la cópula "es", lo cual resulta en cuatro esquemas ternarios representativos de la forma de las proposiciones categóricas: *S est P* (sujeto-cópula-predicado), terminología incorporada a la lógica tradicional desde el siglo VI con Boecio.

29

3.2 TIPOLOGÍA DE INFERENCIAS: MEDIATAS E INMEDIATAS

La lógica tradicional distingue entre:

A) Teoría de la inferencia inmediata: consistente en deducir mediante una sola premisa, comprende la oposición, la conversión y la obversión de las proposiciones; y,

B) Teoría de la inferencia mediata: consistente en deducir la conclusión a partir de más de una premisa, comprende básicamente el estudio del silogismo y se tratará en el próximo tema.

Dicha tipología podría contenerse en el siguiente cuadro sinóptico.

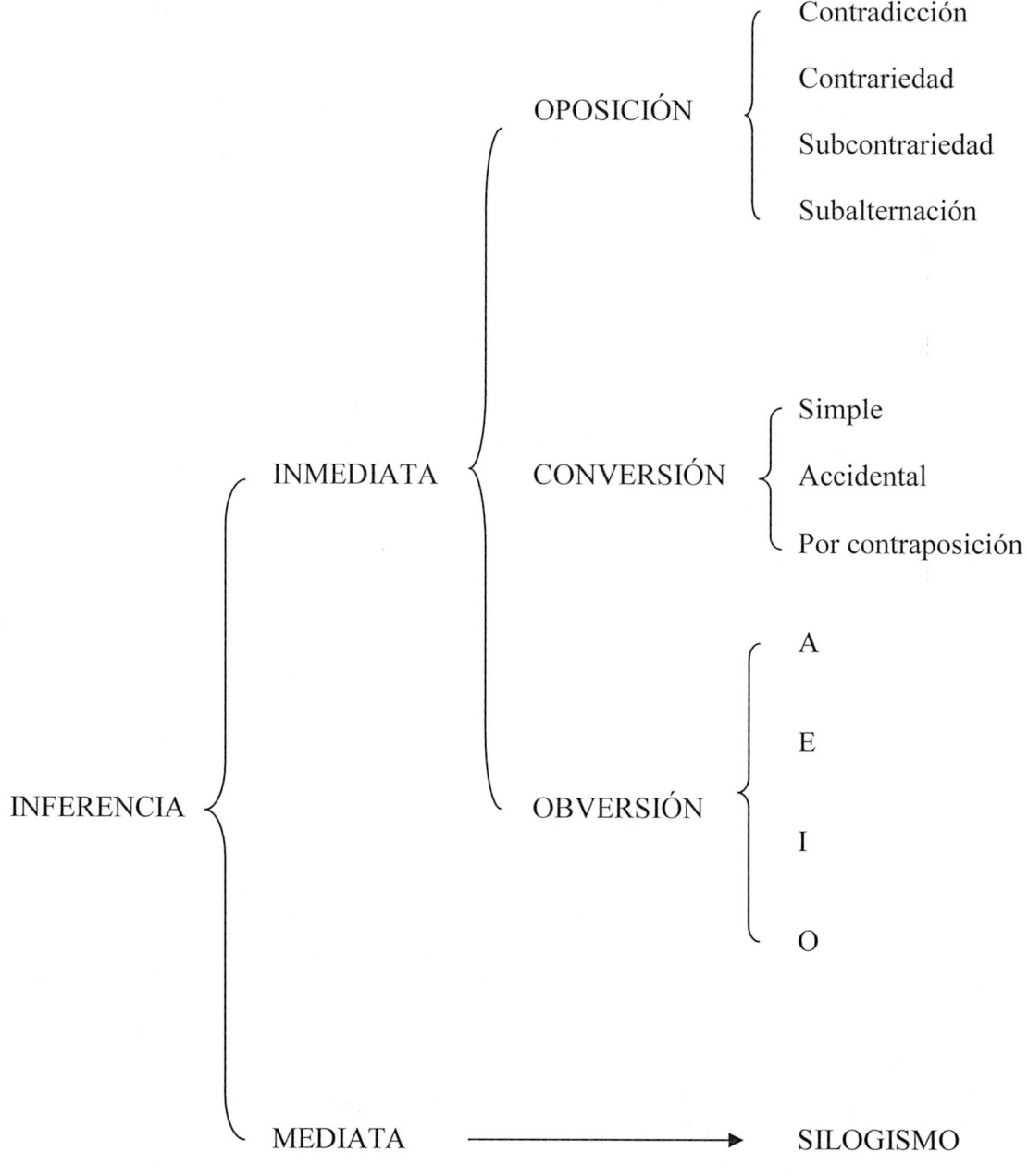

3.3 INFERENCIAS INMEDIATAS: OPOSICIÓN, CONVERSIÓN Y OBVERSIÓN

A) Teoría de la inferencia inmediata: distingue tres tipos de inferencias, según se realicen operaciones lógicas de oposición, conversión y obversión.

1) <u>Oposición</u>. Tipo de inferencia inmediata consistente en invertir la cantidad (universal o particular) o la calidad (afirmativa o negativa) de la proposición. Las relaciones de oposición suelen expresarse en el denominado cuadrado de oposición, cuyos vértices simbolizan las cuatro proposiciones categóricas, y cuyas diagonales y lados representan esas relaciones:

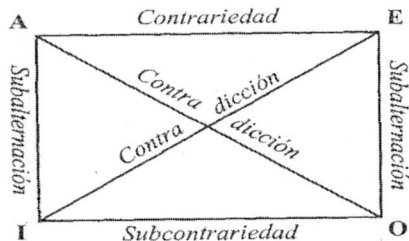

Cada una de dichas relaciones da pie a determinadas inferencias:

1ª Contradicción: oposición dada entre una proposición y su negación, es decir, entre A y O y viceversa, y entre E e I y viceversa. Dos proposiciones contradictorias no pueden ser simultáneamente verdaderas ni simultáneamente falsas. Por tanto, si una proposición es verdadera («Todo murciano es español») su contradictoria es falsa («Algún murciano no es español»). Y viceversa.

2ª Contrariedad: dada entre las universales A, E. Dos proposiciones contrarias no pueden ser ambas verdaderas, pero sí ambas falsas: «Todo europeo es francés», «Ningún europeo es francés». Así, la verdad de una universal («Todo francés es europeo») implica la falsedad de su contraria («Ningún francés es europeo»), pero no viceversa.

3ª Subcontrariedad: dada entre particulares. Dos subcontrarias pueden ser ambas verdaderas, pero no ambas falsas. La falsedad de una implica la verdad de la otra, mas no a la inversa: «Algunos perros son dóciles» y «Algunos perros no son dóciles» son ambas verdaderas, pero no podrán ser ambas falsas.

4ª Subalternación: dada entre universales y particulares de la misma cualidad. Cada universal implica su correspondiente particular, pero no a la inversa: «Todos los terrieres son perros» implica «Algún terrier es perro», pero no viceversa.

2) <u>Conversión</u>. Tipo de inferencia inmediata consistente en invertir los términos (S y P) de una proposición categórica manteniendo intacto su valor de verdad. La conversión puede ser de tres tipos:

1.º Simple: permutación de los términos sin cambiar cantidad ni cualidad. De este tipo de conversión son susceptibles las proposiciones E e I:
E   De «Ningún perro es gato» se infiere «Ningún gato es perro», y viceversa.
I   De «Algún futbolista es español» se infiere «Algún español es futbolista», y viceversa.

2.º Accidental; permite pasar, permutando términos, de cualquier universal a la particular de la misma cualidad, pero no viceversa. Vale para A y E:

A   De «Todo terrier es perro» se infiere «Algún perro es terrier», pero no viceversa.

E   De «Ningún animal es flor» se infiere «Alguna flor no es animal», pero no viceversa.

3.º Por contraposición: permutación de términos anteponiendo a cada uno una partícula negativa y eliminando, eventualmente, cualquier doble negación. Son convertibles A y O:

A   De «Todo condenado es culpable» se infiere «Todo inocente es absuelto», y viceversa.

O   De «Algunos perros no son terrier» se infiere «Algunos no terrier no son no perros», o sea, «Algunos no terrier son perros»; y viceversa.

3) <u>Obversión</u>. Tipo de inferencia inmediata, propuesta por Alexander Bain, consistente en cambiar la cualidad de la proposición y negar el predicado. Las cuatro categóricas serían obvertibles:

A   De «Todo A es B»,   su obversa es   «Ningún A es no B»

E   De «Ningún A es B»,   su obversa es   «Todo A es no B»

I   De «Algún A es B»,   su obversa es   «Algún A no es no B»

O   De «Algún A no es B»,   su obversa es   «Algún A es no B»

TEMA 3. TIPOLOGÍA DE INFERENCIAS (I): INFERENCIAS INMEDIATAS
EJERCICIOS

3.1) Pon dos ejemplos de cada una de las siguientes proposiciones categóricas:
a) Universal afirmativa.
b) Universal negativa.
c) Particular afirmativa.
d) Particular negativa.

3.2) Escribe grupos de tres proposiciones categóricas susceptibles de ser simbolizadas con cada una de las siguientes vocales mayúsculas.

33

1.   A
      A
      A

2.   E
      A
      E

3.   A
      E
      E

4.   E
      I
      O

5.   A
      A
      I

6.   I
      A
      I

7.   A
      O
      O

8.   E
      A
      O

3.3) Escribe los esquemas habituales completos (ej. Todo S es P) y abreviado (ej. ej. SaP) de los enunciados del anterior ejercicio.

3.4) En los siguientes enunciados, señala como en el ejemplo:
a) El tipo de proposición categórica.
b) Su esquema habitual completo.
c) Su abreviatura con letra mayúscula.
d) Su esquema habitual abreviado.

1.   Ningún felino es canino
        a) Universal negativa
        b) Ningún S es P
        c) E
        d) SeP

2.   Ningún felino es mamífero
        a)
        b)
        c)
        d)

3.   Algún futbolista es del Barça
        a)
        b)
        c)
        d)

4.   Algún felino no es mamífero
        a)
        b)
        c)
        d)

5.   Todo soldado es militar
        a)
        b)
        c)
        d)

6.   Todo policia es guardia civil
        a)
        b)
        c)
        d)

7.   Ninguna bacteria es vertebrada
a)
b)
c)
d)

8.   Ningún ser vivo es hongo
a)
b)
c)
d)

9.   Todo militar es soldado
a)
b)
c)
d)

10.   Todo silogismo es verdadero
a)
b)
c)
d)

11.   Algún silogismo no es falso
a)
b)
c)
d)

12.   Algún vertebrado no es animal
a)
b)
c)
d)

13.   Todo griego es persona
a)
b)
c)
d)

14.   Ningún planeta es estrella
a)
b)
c)
d)

15. Algún astro es satélite

a)

b)

c)

d)

16. Algún astro no es satélite

a)

b)

c)

d)

3.5) En las siguientes proposiciones categóricas, señala:

a) Su contradictoria, y el valor veritativo (V/F) de ambas:

1   Todo gato es perro

2   Ninguna flor es pez

3   Algún perro es pastor alemán

4   Algún europeo no es español

b) Su contraria, y el valor veritativo (V/F) de ambas:

1   Todo futbolista es deportista

2   Ningún alienígena es terrícola

3   Todo vivo está muerto

4   Ningún lunes es martes

c) Su subcontraria, y el valor veritativo (V/F) de ambas:

1   Algún español es madrileño

2   Algún pájaro es pez

3   Algún europeo no es español

4   Alguna violeta no es flor

d) Su subalterna, y el valor veritativo (V/F) de ambas:

1   Todo mamífero es animal

2   Ningún hombre es mortal

3   Algún pájaro es estornino

4   Algún gato no es felino

3.6) En las siguientes proposiciones categóricas, realiza:

a) Una conversión simple, y señala el valor veritativo de ambas:

1   Ningún felino es canino
2   Ningún felino es mamífero
3   Algún futbolista es del Barça
4   Algún mamífero es felino

b) Una conversión accidental, y señala el valor veritativo de ambas:

1   Todo soldado es militar
2   Todo policía es guardia civil
3   Ninguna bacteria es vertebrada
4   Ningún ser vivo es hongo

c) Una conversión por contraposición, y señala el valor veritativo de ambas:

1   Todo militar es soldado
2   Todo chino es europeo
3   Algún escritor no es poeta
4   Algún vertebrado no es animal

d) Una obversión, y señala el valor veritativo de ambas:

1   Todo griego es persona
2   Ningún planeta es estrella
3   Algún astro es satélite
4   Algún astro no es satélite

TEMA 4. TIPOLOGÍA DE INFERENCIAS (II): MEDIATAS

4.1 EL SILOGISMO CATEGÓRICO DE FORMA TÍPICA Y SU ESTRUCTURA

Silogismo es todo razonamiento deductivo en el cual se infiere una conclusión a partir de dos premisas.

El *silogismo categórico* es un razonamiento deductivo consistente en 3 proposiciones categóricas que contienen exactamente tres términos, cada uno de los cuales aparece justo en dos de las proposiciones constituyentes.

Se dice que un *silogismo categórico* tiene *forma típica* cuando sus premisas (PP) y conclusión (CL, o bien ⊢) son todas proposiciones categóricas de forma típica y están dispuestas en un orden específico. La estructura del silogismo categórico en forma típica tiene tres términos:

1° Término mayor (T_M):   es el término predicado de la conclusión.

2° Término menor (T_m):   es el término sujeto de la conclusión.

3° Término medio ($T_{1/2}$):   es un tercer término auxiliar que aparece siempre dos veces en ambas premisas y nunca en la conclusión.

Por ello, la premisa que contiene el término mayor se llama premisa mayor (P_M) y la que contiene el término menor se llama premisa menor (P_m): en consecuencia, las premisas mayor y menor no se definen por su orden de aparición en el silogismo categórico en forma típica, sino por contener respectivamente el término mayor y el término menor. El orden específico de las proposiciones, antes aludido, que marca la forma típica del silogismo categórico es el siguiente: premisa mayor, premisa menor, conclusión (C_L). En estos ejemplos, el término menor aparece en cursiva, el término mayor aparece en negrita y el término medio subrayado:

Premisa mayor (P_M)	Todos los <u>artistas</u> son **ególatras**
Premisa menor (P_m)	Algunos <u>artistas</u> son *indigentes*
Conclusión (C_L)	Algunos *indigentes* son **ególatras**

Premisa mayor (P_M)	Ningún **héroe** es <u>cobarde</u>
Premisa menor (P_m)	Algunos *soldados* son <u>cobardes</u>
Conclusión (C_L)	Algunos *soldados* no son **héroes**

39

4.2 MODO Y FIGURA: FORMA

a) Modo

El *modo* de un silogismo categórico en forma típica se determina por las características y orden de las proposiciones categóricas de forma típica que contiene. Cada modo se representa por grupos de tres letras entre las cuatro posibles (A, E, I, O), según sus tres proposiciones sean universales o particulares, afirmativas o negativas. Por ejemplo, el siguiente silogismo sería del modo AII, dadas las características de las proposiciones constituyentes del silogismo categórico en forma típica.

P_M	Todos los <u>héroes</u> son **valientes**	universal afirmativa	A
P_m	Algunos *soldados* son <u>héroes</u>	particular afirmativa	I
C_L	Algunos *soldados* son **valientes**	particular afirmativa	I

Si se contabilizan todas las combinaciones posibles (4^3), la cifra final ascendería a 64 modos posibles de silogismo categórico en forma típica.

b) Figura

No obstante lo anterior, por sí mismo el modo del silogismo categórico en forma típica no caracteriza completamente su forma. Comparemos los dos siguientes:

P_M	Todos los <u>artistas</u> son **ególatras**	A
P_m	Algunos <u>artistas</u> son *indigentes*	I
C_L	Algunos *indigentes* son **ególatras**	I

P_M	Todos los **científicos** son <u>universitarios</u>	A
P_m	Algunos *atletas* son <u>universitarios</u>	I
C_L	Algunos *atletas* son **científicos**	I

Ambos son del modo AII, pero su forma es diferente, debido a la distinta posición que el término medio ocupa en las premisas: en el primer ejemplo están ambos en el sujeto de las premisas, mientras en el segundo se hallan en el predicado. Así, la *figura* designa la posición del término medio en las premisas. Las diferencias entre las formas se aprecian con mayor claridad si se muestra en forma abreviada la estructura lógica del silogismo categórico en forma típica, reemplazando el término menor por la letra S (sujeto), el término mayor por P (predicado) y el término medio por M (medio). La estructura lógica abreviada de los anteriores ejemplos sería, respectivamente:

Todo M es P	Todo P es M
Algún M es S	Algún S es M
Algún S es P	Algún S es P

Así, según cuál sea la posición del término medio en las premisas, un silogismo categórico en forma típica puede tener 4 figuras diferentes, cuyos esquemas, obviando toda referencia al modo y eludiendo representar cuantificadores y cópulas, serían éstos:

Primera: aparece en el sujeto de la premisa mayor y en el predicado de la premisa menor.

$$M — P$$
$$S — M$$
$$\overline{}$$
$$S — P$$

Segunda: el término medio aparece en el predicado de ambas premisas.

$$P — M$$
$$S — M$$
$$\overline{}$$
$$S — P$$

Tercera: el término medio aparece en el sujeto de ambas premisas.

$$M — P$$
$$M — S$$
$$\overline{}$$
$$S — P$$

Cuarta: aparece en el predicado de la premisa mayor y en el sujeto de la premisa menor.

$$P — M$$
$$M — S$$
$$\overline{}$$
$$S — P$$

c) Forma

Ahora ya podemos ofrecer una descripción completa de la forma de cualquier silogismo categórico en forma típica, pues su forma incluye tanto el modo como la figura. Por ejemplo, todo silogismo categórico en forma típica modo AOO de la segunda figura (AOO-2) tendría esta forma:

Todo P es M
Algún S no es M
Algún S no es P

Dado que existen 64 modos diferentes y que cada uno puede aparecer en cada una de las 4 figuras, los silogismos categóricos en forma típica pueden llegar a adoptar hasta 256 formas diferentes (64 x 4 = 256). Pero solo algunas de ellas son válidas, según ciertas reglas o axiomas. Antes de presentarlas dedicaremos un apartado intermedio al silogismo compuesto.

4.3 EL SILOGISMO COMPUESTO O POLISILOGISMO

El silogismo, categórico en forma típica o no, puede extenderse hasta conformar silogismos compuestos, y estos a su vez vincularse entre sí para configurar cadenas de razonamientos. Emplear cadenas de razonamientos basados en la ampliación del silogismo permite la elaboración de textos argumentativos con forma literaria de tratado, ensayo, tesis doctoral, etc.

4.3.1 Prosilogismo y episilogismo. Prosilogismo es el silogismo cuya conclusión sirve como premisa a otro; episilogismo es el silogismo que usa como premisa la conclusión de otro.

a) P_M Los animales son sensibles

P_m Los hombres son animales $\Big\}$ Prosilogismo

C_L <u>Los hombres son sensibles</u>

b) P_M Los seres sensibles son irritables

P_m <u>Los hombres son sensibles</u> $\Big\}$ Episilogismo

C_L Los hombres son irritables

4.3.2 Entimema y epiquerema. Entimema es el silogismo abreviado en dos proposiciones, antecedente y consecuente, y en el cual se sobreentiende una premisa implícita.

El sol alumbra (A), luego es de día (B)   Es decir,   Si A → B

P_M Cuando el Sol alumbra es de día   Premisa mayor implícita

P_m El Sol alumbra (A)

C_L Luego, es de día (B)

Epiquerema es el argumento que consta de dos silogismos en relación pro y episilogismo y cuyo prosilogismo es a su vez un entimema. Es un silogismo compuesto abreviado, en el cual la prueba del episilogismo está abreviada por contener una premisa implícita.

El Sol alumbra, luego <u>es de día</u>   Prosilogismo = entimema

Cuando es de día, la Luna se esconde $\Big\}$

<u>Es de día</u>   Episilogismo

Luego, la Luna se esconde

4.3.3 Sorites. Es el silogismo compuesto por múltiples silogismos en relación de prosilogismo y episilogismo, pero de tal modo que el predicado del previo pasa a ser sujeto del siguiente, y cuya conclusión vincula el sujeto del primero con el predicado del último.

Sócrates es hombre	A es B
El hombre es compuesto	B es C
Por tanto,	A = C
Lo compuesto es divisible	C es D
Por tanto,	A = D
Lo divisible es mortal	D es E
Ergo, Sócrates es mortal	A es E

4.4 CARACTERES Y REGLAS O AXIOMAS

Como indicamos en el apartado 4.2), de las 256 formas posibles de silogismos, solo algunas son válidas según ciertas reglas o axiomas. Las reglas tradicionales sobre la validez de un silogismo pueden reducirse a tres:

1ª.   El término medio debe estar distribuido por lo menos una vez.
2ª.   Si uno de los términos extremos, menor o mayor, está distribuido en la conclusión, debe estarlo también en las premisas.
3ª.   Si una de las premisas es negativa, la conclusión también debe ser negativa.

Las dos primeras gravitan sobre el concepto de distribución, llamada *suppositio* en la lógica medieval. En el contexto de una proposición categórica, un término está distribuido (*supponit universaliter*) cuando está tomado en la totalidad de su extensión, debiendo entenderse entonces que lo que se afirme o niegue de él en esa proposición haya de afirmarse o negarse de todos y cada uno de los individuos contenidos en dicha extensión. Un término no está distribuido (*supponit particulariter*) cuando está tomado tan solo en parte de su extensión, debiendo entenderse entonces que lo que de él se afirme o niegue será verdad de alguno o algunos, pero no necesariamente de todos los individuos contenidos en dicha extensión.

Así, en la proposición «Todo hombre es mortal» el término "hombre" está distribuido, pero no "terrier" en la proposición «Algún perro es terrier», pues en la primera la propiedad ser mortal conviene a todos los humanos, no así respecto de ser terrier en la segunda.

Debe distinguirse además la distribución de los términos extremos:
a) Sujeto: cuando va precedido por las partículas cuantitativas "todo" o "ningún".
b) Predicado: no siempre se manifiesta por tales partículas. El análisis lógico revela que en las proposiciones categóricas negativas (E, O) el predicado está distribuido —supone universalmente—, mientras en las afirmativas (A, I) no —supone particularmente—.

MODO	ENUNCIADO	DISTRIBUCIÓN	
		SUJETO	PREDICADO
A	Todo S es P	distribuido	no distribuido
E	Ningún S es P	distribuido	distribuido
I	Algún S es P	no distribuido	no distribuido
O	Algún S no es P	no distribuido	distribuido

Así, en la proposición «Algún gato no es siamés», el predicado "siamés" está distribuido, pero no así los predicados "mortal" y "terrier" de los ejemplos anteriores.

En definitiva, la teoría tradicional de la inferencia, mediata e inmediata, descansa en la doctrina de la distribución, consistente en prohibir el trascurso de una proposición con un término no distribuido a otra con ese mismo término distribuido. Ello permite detectar las formas inválidas de silogismo:

P_M Todo madrileño es español
P_m Algunos europeos son españoles
⊢   Algunos europeos son madrileños

Es inválido por no distribuir el término medio en las premisas conforme a la regla 1ª.

En el apartado 4.1 se mostraron los caracteres básicos del silogismo categórico en forma típica. Siempre comprende 3 proposiciones, cada una de las cuales debe tener una de las formas A, E, I, O, y contiene exactamente tres términos, denominados mayor, menor y medio. Sin embargo, como ya se indicó, no todas las 256 formas completas de silogismo categórico en forma típica dan lugar a razonamientos válidos, en cuyo caso hablamos de falacia o razonamiento inválido. Aplicando las tres reglas tradicionales sobre la validez de un silogismo, antes aludidas, de las 256 combinaciones posibles solo 24 constituyen modos válidos o lógicamente concluyentes, 6 para cada figura. El resto son inválidos.

Cada uno de los 24 modos válidos viene designado por 24 palabras mnemotécnicas acuñadas por la filosofía escolástica medieval, cuyas vocales y orden de aparición indican el tipo de proposición categórica que corresponde respectivamente a las premisas mayor y menor y a la conclusión. Estos 24 modos válidos pueden ser de dos tipos:

a) Modos principales: son 19 y vienen designados por estas palabras;

1ª	figura	*Barbara, Celarent, Darii, Ferio*
2ª	figura	*Cesare, Camestres, Festino, Baroco*
3ª	figura	*Darapti, Disamis, Datisi, Felapton, Bocardo, Ferison*
4ª	figura	*Bramantip, Camenes, Dimaris, Fesapo, Fresison.*

b) Modos subalternos: son 5, y se caracterizan como subalternos por ofrecer una conclusión particular, aunque las premisas permitirían que fuese universal;

1ª	figura	*Barbari, Celaront*
2ª	figura	*Cesaro, Camestrop*
4ª	figura	*Camenop*

Ahora bien, las tres reglas tradicionales sobre la validez del silogismo aludidas *supra* pueden ser ampliadas para dar cabida a otras que facilitan enormemente, y por criterios adicionales, detectar la invalidez de un silogismo y eludir las falacias. Para los silogismos categóricos en forma típica suelen proponerse en total las siguientes.

A) REGLAS PARA LOS TÉRMINOS

44

1ª Debe contener exactamente 3 términos y cada uno debe usarse en el mismo sentido.

La conclusión afirma cierta relación entre 2 términos, pero esta conclusión solo se halla implicada por las premisas si éstas establecen la relación de cada uno de los términos de la conclusión con el mismo tercer término, el término medio. Por ello, el silogismo categórico en forma típica con más de 3 términos es inválido e incurre en la falacia de los 4 términos, nombre empleado aunque los términos sean más de 4.

El silogismo categórico en forma típica también es inválido si uno de sus términos se usa en dos sentidos diferentes, porque en realidad no contiene 3 términos sino 4. En tal caso se habla de falacia de anfibología o falacia de equívoco; cuando se hace desaparecer el doble sentido del término equívoco, una de las premisas es manifiestamente falsa.

2ª El término medio debe estar distribuido al menos en una de las premisas y no aparecer nunca en la conclusión.

Un término está distribuido en una proposición si ésta se refiere a todos los miembros de la clase o conjunto designado por ese término. En este silogismo categórico en forma típica de forma AAA-2, el término medio "mamíferos" no está distribuido, porque ninguna de las premisas alude a todos los elementos del conjunto "mamíferos". Con ello, se viola esta regla 2ª y se incurre en la llamada falacia del término medio no distribuido:

P_M	Todos los perros son mamíferos	A	$P - \mathbf{M}$	(2ª)
P_m	Todos los gatos son mamíferos	A	$S - \mathbf{M}$	
⊢	Todos los gatos son perros	A	$S - P$	

3ª La conclusión no puede contener ningún término distribuido que no esté distribuido también en las premisas.

En un razonamiento válido, las premisas implican la conclusión; pero ésta no puede exceder las premisas, es decir, no puede afirmar más de lo implícitamente contenido en las premisas. Si la conclusión excede lo afirmado en las premisas ha sido extraída ilegítimamente y el razonamiento es inválido. Por ello, si la conclusión distribuye un término que no se hallaba distribuido en las premisas, afirma acerca del término más de lo que garantizan las premisas, y en consecuencia el razonamiento es inválido. Esta operación ilícita puede recaer sobre el término mayor o sobre el término menor, y por ello origina dos falacias con nombres particulares:

a) Ilícito mayor o falacia del procedimiento ilícito respecto del término mayor:

P_M	Todos los perros son mamíferos
P_m	Ningún gato es perro
⊢	Ningún gato es mamífero

La conclusión predica una afirmación sobre todos los mamíferos. Pero las premisas nada predican sobre todos los mamíferos —el término mayor "mamíferos" no está distribuido—, pues la premisa mayor que contiene el predicado de la conclusión es afirmativa universal (A). Por ello, la conclusión excede ilícitamente lo afirmado en las premisas.

b) Ilícito menor o falacia del procedimiento ilícito respecto del término menor:

P_M	Todos los leones son carnívoros
P_m	Todos los leones son felinos
⊢	Todos los felinos son carnívoros

La conclusión predica una afirmación sobre todos los felinos. Pero las premisas nada predican sobre todos los felinos, pues en ellas el término menor "felinos" no está distribuido, y por ello la conclusión excede ilícitamente lo afirmado en las premisas.

B) REGLAS PARA LAS PREMISAS

4ª Si ambas premisas son negativas, la conclusión es inválida e incurre en falacia de premisas excluyentes.

Toda proposición negativa universal (E) o particular (O) niega una inclusión de clases, esto es, afirma que todos o algunos de los elementos de un conjunto se hallan excluidos de otro conjunto. Si el sujeto y el predicado son respectivamente los términos mayor y medio, dos premisas negativas solo pueden afirmar que el sujeto y el predicado están total o parcialmente excluidos de todo o parte del término medio. Pero tales condiciones pueden cumplirse cualquiera que sea la relación entre sujeto y predicado, sea por inclusión o exclusión, parcial o total. Por ello, de dos premisas negativas no puede inferirse válidamente ningún tipo de relación entre sujeto y predicado y el silogismo no puede tener conclusión válida.

5ª La conclusión siempre sigue la peor parte, entendiendo por tal la negativa respecto a la afirmativa y la particular respecto a la universal. Esta regla abarca dos casos:

a) Si una premisa es negativa, la conclusión debe ser negativa.

Una conclusión afirmativa afirma que una clase está contenida total o parcialmente en otra. Esto solo puede justificarse con premisas que afirmen la existencia de una 3ª clase que contiene la 1ª y que a su vez está contenida en la 2ª. Es decir, para implicar una conclusión afirmativa, ambas premisas deben afirmar la inclusión de clases. Si la inclusión de clases solo puede inferirse a partir de premisas afirmativas, una conclusión afirmativa solo puede deducirse lógicamente de premisas afirmativas, y si una de las premisas es negativa la conclusión solo puede ser negativa, nunca afirmativa.

b) Si una premisa es particular, la conclusión debe ser particular.

Supone a su vez otros dos casos:

1. Dos premisas afirmativas. Sus predicados son particulares y por ello el término medio del silogismo necesariamente tiene que ser el sujeto de la universal. Y dado que este, a su vez, no puede integrar la conclusión, el sujeto de la misma solo puede ser particular.

P_M	Todo <u>español</u> es **europeo**	**A**	**M** — P	(1ª)
P_m	Algún *valenciano* es <u>español</u>	**I**	S — **M**	
⊢	Algún *valenciano* es **europeo**	**I**	S — P	**DARII**

2. Una premisa afirmativa y otra negativa. Contienen dos términos distribuidos: uno de ellos tiene que ser el término medio y el otro el predicado de la conclusión, pues la conclusión tendrá que ser negativa (regla 5ª, a) y todo término distribuido en la conclusión debe estarlo también en las premisas. Así, el término restante, sin distribuir en las premisas, será el sujeto de la conclusión y su extensión será particular.

P_M	Ningún <u>español</u> es **francés**	**E**	**M** — P	(1ª)
P_m	Algún *europeo* es <u>español</u>	**I**	S — **M**	
⊢	Algún *europeo* no es **francés**	**O**	S — P	**FERIO**

46

6ª Si la conclusión es una proposición particular, ambas premisas no pueden ser universales.

Violar esta regla equivale a pasar de premisas sin contenido existencial a una conclusión que sí lo tiene, y supone incurrir en la llamada falacia existencial. Una proposición particular afirma la existencia de elementos de cierto tipo, y así, inferirla de dos premisas universales que no afirman la existencia de ningún elemento supone exceder ilegítimamente lo que garantizan las premisas.

P_M	Todos los animales mimados son animales domésticos
P_m	Ningún unicornio es un animal doméstico
⊢	Algunos unicornios no son animales mimados

7ª A partir de dos premisas afirmativas no puede inferirse una conclusión negativa.

Dos premisas afirmativas establecen dos relaciones de inclusión, universal o particular, entre sujeto y predicado. En consecuencia, a partir de dos relaciones de inclusión no puede inferirse una relación de exclusión.

8ª A partir de dos premisas particulares la conclusión es inválida. Supone dos casos:

a) Dos premisas afirmativas: Algún A es B y Algún A es C.
Dado que los tres términos (sujeto, predicado y término medio) son particulares, el término medio no puede estar distribuido ni una sola vez en las premisas como requiere la regla 2ª, y por tanto no hay conclusión posible.

MODO	ENUNCIADO	DISTRIBUCIÓN	
		SUJETO	PREDICADO
A	Todo S es P	distribuido	no distribuido
E	Ningún S es P	distribuido	distribuido
I	Algún S es P	**no distribuido**	**no distribuido**
O	Algún S no es P	no distribuido	distribuido

b) Una premisa afirmativa y otra negativa: Algún A es C y Algún B no es A.
Solo hay un término distribuido, el predicado de la premisa negativa, el cual, por tanto, tendría que ser el término medio según exige la regla 2ª. Pero, dado que una de las premisas es negativa, además la conclusión tendría que ser negativa según exige la regla 5ª, a), y con ello el predicado de la conclusión estaría distribuido. Pero, puesto que dicho predicado distribuido no puede ser el término medio y que en ambas premisas solo el término medio está distribuido, no puede haber conclusión.

MODO	ENUNCIADO	DISTRIBUCIÓN	
		SUJETO	PREDICADO
A	Todo S es P	distribuido	no distribuido
E	Ningún S es P	distribuido	distribuido
I	Algún S es P	**no distribuido**	**no distribuido**
O	Algún S no es P	**no distribuido**	distribuido

TEMA 4. TIPOLOGÍA DE INFERENCIAS (II): INFERENCIAS MEDIATAS
EJERCICIOS

4.1) En los siguientes casos de silogismo categórico en forma típica, señala:
a) La premisa mayor (P_M) y la premisa menor (P_m).
b) El término mayor (T_M), el término menor (T_m) y el término medio ($T_{1/2}$).

1. Todos los rumiantes son astados
    Todas las vacas son rumiantes
    Todas las vacas son astadas

2. Ningún soldado es pacifista
    Todos los cuáqueros son pacifistas
    Ningún cuáquero es soldado

3. Todos los futbolistas son deportistas
    Algunos futbolistas son frívolos
    Algunos frívolos son deportistas

4. Todos los pedantes son zalameros
    Ningún zalamero es financiero
    Ningún financiero es pedante

5. Ningún aeroplano es globo
    Todos los globos son naves aéreas
    Algunas naves aéreas no son globos

6. Todos los hombres corpulentos son joviales
    Ningún hombre jovial es bebedor
    Ningún bebedor es hombre corpulento

7. Todas las acciones criminales son actos malvados
    Todos los enjuiciamientos por asesinato son acciones criminales
    Todos los enjuiciamientos por asesinato son actos malvados

8. Ningún actor trágico es un hombre feliz
    Algunos comediantes no son hombres felices
    Algunos comediantes no son actores trágicos

9. Algunos buenos actores no son hombres fuertes
    Todos los luchadores profesionales son hombres fuertes
    Todos los luchadores profesionales son buenos actores

10. Todos los hombres menos comedores son los más hambrientos
    Todos los hombres más hambrientos son los más comedores
    Todos los hombres más comedores son los menos comedores

4.2) En los silogismos categóricos en forma típica del ejercicio 4.1), señala su modo.

4.3) En los silogismos categóricos en forma típica del ejercicio 4.2), señala su figura.

4.4) En los silogismos categóricos en forma típica del ejercicio 4.3), señala su forma entre paréntesis y en esquema.

4.5) Convierte los siguientes silogismos simples en compuestos según cada caso.

a) De prosilogismo a episilogismo.

1. **Prosilogismo** P_M Todas las flores son azucenas
                        P_m Algunas plantas no son azucenas
                        ⊢   Algunas plantas no son flores

    Episilogismo P_M
                        P_m
                        ⊢

2. **Prosilogismo** P_M Todos los españoles son europeos
                        P_m Todos los valencianos son españoles
                        ⊢   Todos valencianos son europeos

    Episilogismo P_M
                        P_m
                        ⊢

3. **Prosilogismo** P_M Todos los felinos son mamíferos
                        P_m Algunos gatos son felinos
                        ⊢   Algunos gatos son mamíferos

    Episilogismo P_M
                        P_m
                        ⊢

4. **Prosilogismo** P_M Ningún actor trágico es un hombre feliz
                        P_m Algún comediante no es un hombre feliz
                        ⊢   Algún comediante no es actor trágico

    Episilogismo P_M
                        P_m
                        ⊢

b) De episilogismo a prosilogismo.

1.   **Prosilogismo** P_M
P_m
⊢

   Episilogismo P_M Ningún pez es mamífero
P_m Toda ballena es mamífero
⊢   Ninguna ballena es pez

2.   **Prosilogismo** P_M
P_m
⊢

   Episilogismo P_M Toda águila es voladora
P_m Algún cerdo no es volador
⊢   Algún cerdo no es águila

3.   **Prosilogismo** P_M
P_m
⊢

   Episilogismo P_M Ningún holgazán es famoso
P_m Algún pintor es holgazán
⊢   Algún pintor no es famoso

4.   **Prosilogismo** P_M
P_m
⊢

   Episilogismo P_M Ningún fósil es ser vivo
P_m Alguna ostra es ser vivo
⊢   Alguna ostra no es fósil

4.6) Convierte estos silogismos simples en ejemplos de sorites con cuatro premisas.

1. P_1 Toda flor es vegetal
    P_2 Todo vegetal es eucariota
    P_3 Todo eucariota es ser vivo
    P_4
    ⊢

2. P_1 Todo gandiense es valenciano
    P_2 Todo valenciano es español
    P_3
    P_4
    ⊢

3. P_1 Todo libro es texto
    P_2
    P_3
    P_4
    ⊢

4. P_M Todo vegetal es ser vivo
    P_m Toda flor es vegetal
    ⊢
    P_4
    ⊢

5. P_M Toda molécula es átomo
    P_m Todo órgano es molécula
    ⊢
    P_4
    ⊢

4.7) Señala las reglas vulneradas y, en su caso, las falacias cometidas:

1. P_M Todo gato es felino
    P_m Algún mamífero es felino
    ⊢   Algún mamífero es gato

2. P_M Todos los hombres comprensivos con las mujeres son buenos maridos
    P_m Todos los buenos maridos son hombres de infinita paciencia
    ⊢   Algunos hombres de infinita paciencia son hombres comprensivos

3. P_M Todos los loros son animales domésticos
        P_m Algunos loros no son animales domésticos
        ⊢   Todos los animales domésticos no son animales domésticos

4. P_M Todos los bancos son empresas
        P_m Todos los bancos son asientos
        ⊢   Todos los bancos son empresas y son asientos

5. P_M Todas las violetas son flores
        P_m Todas las azucenas son flores
        ⊢   Todas las azucenas son violetas

6. P_M Todos los valencianos son españoles
        P_m Ningún parisino es valenciano
        ⊢   Ningún parisino es español

7. P_M Todas las flores son azucenas
        P_m Todas las azucenas son plantas
        ⊢   Todas las plantas son flores

8. P_M Ningún hombre es inmortal
        P_m Ningún inmortal es animal
        ⊢   Ningún animal es hombre

9. P_M Ningún hombre es inmortal
        P_m Todo hombre es animal
        ⊢   Todo inmortal es hombre

10. P_M Todas las violetas son flores
        P_m Ningún pez es flor
        ⊢   Algunos peces no son violetas

4.8) Construye un ejemplo de silogismo categórico en forma típica de cada uno de los 24 modos válidos.

Barbara P_M
                P_m
                ⊢

Celarent P_M
                P_m
                ⊢

Darii P_M
P_m
⊢

Ferio P_M
P_m
⊢

Barbari P_M
P_m
⊢

Celaront P_M
P_m
⊢

Cesare P_M
P_m
⊢

Camestres P_M
Pm
⊢

Festino P_M
P_m
⊢

Baroco P_M
P_m
⊢

Cesaro P_M
P_m
⊢

Camestrop P_M
P_m
⊢

Darapti P_M
P_m
⊢

Disamis

$\quad$ P_M
$\quad$ P_m
$\quad$ ⊢

Datisi

$\quad$ P_M
$\quad$ P_m
$\quad$ ⊢

Felapton

$\quad$ P_M
$\quad$ P_m
$\quad$ ⊢

Bocardo

$\quad$ P_M
$\quad$ P_m
$\quad$ ⊢

Ferison

$\quad$ P_M
$\quad$ P_m
$\quad$ ⊢

Bramantip

$\quad$ P_M
$\quad$ P_m
$\quad$ ⊢

Camenes

$\quad$ P_M
$\quad$ P_m
$\quad$ ⊢

Dimaris

$\quad$ P_M
$\quad$ P_m
$\quad$ ⊢

54 $\quad$ *Fesapo*

$\quad$ P_M
$\quad$ P_m
$\quad$ ⊢

Fresison

$\quad$ P_M
$\quad$ P_m
$\quad$ ⊢

Camenop

$\quad$ P_M
$\quad$ P_m
$\quad$ ⊢

4.9) Elabora la lista completa de las maneras de un silogismo categórico en forma típica en los cuales *a priori* subyace un razonamiento incorrecto, considerando todas las infracciones posibles a las reglas de las premisas y descartando las posibles repeticiones.

1. Regla 4ª: si ambas premisas son negativas, la conclusión es inválida: falacia de premisas excluyentes.
2. Regla 5ª: la conclusión sigue la peor parte.
3. Regla 6ª: si la conclusión es una proposición particular, ambas premisas no pueden ser universales: falacia existencial.
4. Regla 7ª: de 2 premisas afirmativas no puede inferirse conclusión negativa.
5. Regla 8ª: a partir de 2 premisas particulares, la conclusión es inválida.

Modos inválidos *a priori* por infracción de las reglas de las premisas, ¿cuántos?   ____

55

4.10) A partir de la solución del ejercicio anterior, calcula:

a) El número de modos inválidos *a priori* por infringir las reglas de los términos.
b) El número total de modos válidos.

Total de modos posibles, ¿cuántos?   ____
Total de modos válidos, ¿cuántos?   ____
Modos inválidos *a priori* por infracción de las reglas de las premisas, ¿cuántos?   ____
Modos inválidos *a priori* por infracción de las reglas de los términos, ¿cuántos?   ____

TEMA 5. FALACIAS

5.1 CONCEPTO

El término "falacia" procede del latín *fallo*, cuyas acepciones principales serían, por un lado, engañar o inducir a error, y por otro fallar o incumplir. Sintetizando ambas, en Teoría de la Argumentación suele entenderse por falaz el discurso que pretende presentarse como una buena argumentación, pero induce a error, porque en realidad se trata de un pseudoargumento o de una argumentación inválida, fallida o fraudulenta. Este fraude frustra las expectativas generadas en el marco argumentativo y además puede responder a una estrategia deliberadamente engañosa. En todo caso, representa una quiebra o abuso de la confianza discursiva sobre la que debe descansar la práctica cortés del argumentador crítico.

En el tema anterior, dedicado al silogismo categórico en forma típica, se indicó que un razonamiento es inválido o ilegítimo cuando la conclusión excede las premisas, es decir, si afirma más de lo implícitamente contenido en ellas. Aplicando análogamente esta noción de invalidez, propia del silogismo categórico en forma típica, al más extenso ámbito de la Teoría de la Argumentación, podría decirse que un argumento es un sistema bipartito compuesto por un conjunto de proposiciones (premisas) y otra proposición (conclusión). Sería válido si entre ambas partes se establece una relación de consecuencia tal que toda la información ofrecida por la conclusión se halla contenida en la información existente en las premisas; e inválido en caso contrario. Dado que en esta última situación afirmamos que el argumento es falaz o incurre en falacia, resulta que la invalidez lógica de un argumento es condición suficiente para determinar su carácter falaz.

5.2 TIPOLOGÍA

Aunque existen diversas clasificaciones sobre falacias y todas ellas son aceptables según su respectivo criterio clasificatorio, en esta asignatura propondremos ésta por su sencillez y completud.

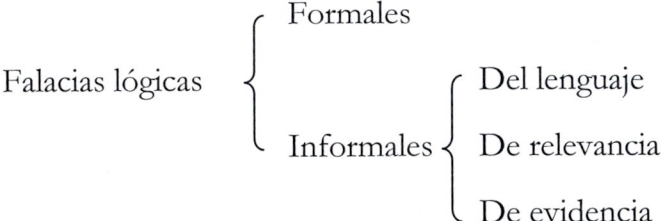

Dado que la Teoría de la Argumentación emplea el lenguaje informal principalmente, y los lenguajes formales solo de modo subsidiario, descartaremos el estudio de las falacias formales y nos concentraremos en el análisis de las informales. Estas suelen subdividirse a su vez en tres grandes grupos:

A) Del lenguaje: la invalidez del argumento deriva del lenguaje o sus circunstancias.

B) De relevancia: la invalidez deriva de las premisas, por ser irrelevantes o insuficientes para implicar sólidamente la conclusión.

C) De evidencia: la invalidez se relaciona con la evidencia, demostración o prueba de la conclusión.

5.2.1 FALACIAS INFORMALES: ESQUEMA SIMPLIFICADO

A) DEL LENGUAJE   A1) De ambigüedad

                                          A2) Retóricas

B) DE RELEVANCIA   B1) En general

                                          B2) De distracción

                                          B3) *Ad hominem*

                                          B4) De autoridad

                                                B4.1) En general

                                                B4.2) De apelación a ciertas circunstancias

                                                B4.3) De apelación a las emociones

C) DE EVIDENCIA   C1) De inferencia estadística

                                          C2) De comparación

                                          C3) De sucesos, o de causa cuestionable o inaceptable

                                          C4) De supuestos injustificados

5.2.2   FALACIAS INFORMALES: ESQUEMA DESARROLLADO

A) DEL LENGUAJE

A1) De ambigüedad   1 Equívoco
                       2 Del acento
                       3 Anfibología
                       4 Composición
                       5 División o supresión
                       6 Cita fuera de contexto

A2) Retóricas   1 Abuso de vaguedad
                       2 Etiquetas cargadas de supuestos
                       3 Eufemismo
                       4 Cuantificadores o intensificadores extremos
                       5 Minimizadores
                       6 Cuestiones o preguntas retóricas
                       7 Indirectas o insinuaciones
                       8 Pregunta compleja de interrogación o presuposición
                       9 Distinción ilusoria
                     10 Argumento *ad populum*, apelación a la multitud o a la masa

B) DE RELEVANCIA

B1) En general   1 Razón irrelevante o *non sequitur*
                       2 Conclusión irrelevante o *ignoratio elenchi*, ignorar la cuestión

B2) *Ad hominem*   1 Ofensivo
                       2 Circunstancial
                       3 Culpable por asociación
                       4 Apelación genética
                       5 Envenenamiento del pozo

B3) De distracción   1 De apelación al humor o al ridículo
                       2 Un error no se subsana cometiendo otro
                              2.1 *Tu quoque*
                              2.2 Práctica común o antigua
                       3 Hombre de paja
                              3.1 Por exageración
                              3.2 Por deformación
                       4 Pista falsa

B4) De autoridad, argumento *ad verecundiam* o *magister dixit*

a) En general

1 Autoridad falsa o cuestionable
2 Autoridad invencible
3 Apelación al experto irrelevante
4 Testimonio de celebridad o apelación a la eminencia de persona famosa
5 Apelación al experto no identificado
6 Apelación al experto interesado
7 División de la opinión de expertos

b) De apelación a ciertas circunstancias

1 A la popularidad
2 A la posición
3 A la costumbre o a la tradición
4 A la novedad
5 Del provinciano o provincianismo

c) De apelación a las emociones

1 A la ira o a la cólera
2 Argumento *ad baculum*
    2.1 Apelación a la fuerza
    2.2 Apelación a la amenaza
    2.3 Apelación al incentivo
3 Argumento *ad misericordiam*, apelación a la piedad

C) DE EVIDENCIA

C1) De inferencia estadística

1 Del salto a las conclusiones
2 De la muestra insuficiente
3 Generalización inadecuada
4 Estudio tendencioso o sesgado
5 De base incorrecta de comparación

C2) De comparación

1 Analogía falsa o cuestionable
2 Clasificación falsa o cuestionable

C3) De sucesos, causa cuestionable o inaceptable

1 *Non causa pro causa*, considerar como causa aquello que no lo es
    1.1 *Cum hoc, ergo propter hoc*, confundir simultaneidad y causalidad
    1.2 *Post hoc, ergo propter hoc*, confundir posterioridad y causalidad
2 Preterir una causa común
3 De la justificación causal excesiva
4 Pendiente resbaladiza

C4) De supuestos injustificados

1 Falso dilema o falsa dicotomía
2 Único juego en la ciudad
3 *Petitio principii*, petición de principio o argumento circular
4 Argumento *ad ignorantiam*
    4.1 Presunción de falsedad
    4.2 Presunción de inocencia
    4.3 De la ignorancia invencible
5 De inconsistencia
6 Argumento *ad consequentiam*, apelación a las consecuencias

5.3 ANÁLISIS DE ALGUNOS TIPOS DE FALACIAS

A) LENGUAJE

A1) <u>De ambigüedad</u>. Constituye el núcleo de falacias tradicionales, de las cuales Aristóteles recoge 13 en *Refutaciones sofísticas*.

1) Equívoco o ambigüedad léxica o verbal. Surge al usar una palabra equívoca, a partir de la cual se construye una inferencia infundada.

> (1) Todas las leyes tienen un legislador.
> (2) Las leyes de la gravitación y del movimiento son leyes.
> (3) Luego, las leyes de la gravitación y del movimiento tienen un legislador.

En (1), la palabra "ley" alude a las leyes humanas, pero en (2) "ley" alude a las de la naturaleza, que son descubiertas, pero no elaboradas por los hombres. El argumento es formalmente válido; pero es incoherente, por desplazar el significado manteniendo la misma palabra, sobre el cual se construye la inferencia falaz.

> (1) En el corazón de todos los hombres alberga un profundo deseo de libertad.
> (2) Pero el servicio a Dios es el más elevado ejercicio de libertad.
> (3) Por tanto, todos los hombres desean en su corazón servir a Dios.

El significado de libertad, como el de casi toda palabra abstracta, es equívoco. Para detectar las falacias de equívoco, debe sustituirse la palabra por su verdadero significado en todas y cada una de las premisas y en la conclusión; si el resultado es un disparate, estamos ante una falacia. Para no incurrir en ellas, debe emplearse una paráfrasis o un circunloquio que deshaga la ambigüedad.

2) Anfibología o ambigüedad sintáctica. Para eludir la falacia, las oraciones deben presentarse de forma no ambigua, eludiendo la ambigüedad sintáctica.

> Ej. 1   He hablado con tu padre y con tu hermana, y dice que vendrá
> ¿Quién vendrá, el padre o la hermana?
> Ej. 2   El candidato advirtió contra los numerosos errores en su discurso
> El "su", ¿alude al propio discurso o al de otra persona?

3) Del acento. La inferencia falaz se construye gracias a que el acento de la significación recae en cada premisa sobre una de las posibles interpretaciones del enunciado con varios sentidos.

> Ej. 1   No voy a contribuir más a tus gastos de fin de semana
> Bien, lo dejamos en la anterior cuantía

Según donde recaiga el acento semántico en "más", hay varios significados admisibles;
1º Ya no te doy más dinero.
2º Si te di 1.000, por ejemplo, esta semana solo voy a darte 1.000.

Ej. 2   Según la *Declaración Universal de Derechos Humanos*, todos los hombres son iguales.

Pero las mujeres no son hombres.

Luego, las mujeres no son iguales que los hombres.

En (1), "hombres" significa ser humano, especie humana; pero (2) y (3) aluden a hombres y mujeres por referencia al género, no al ser humano en conjunto.

A2) <u>Retóricas</u>. Potentes instrumentos de persuasión que inducen con facilidad al engaño.

1) Etiqueta cargada de supuestos. Consiste en emplear supuestos, normalmente emotivos, cargados de prejuicios o malas interpretaciones, y pretenden inducir al interlocutor a error o a engaño. Así, Hitler se refería a la etnia judía como "El problema judío", presuponiendo de entrada que los judíos eran un problema.

2) Eufemismo. Consiste en emplear un lenguaje suave e indirecto para aludir a ideas o realidades cuya mención precisa o directa causaría rechazo. Pretenden enmascarar o atenuar la crudeza de lo mencionado y abundan en los discursos militares y políticos. Son similares al llamado "lenguaje políticamente correcto", y se basan en el empleo de términos indirectamente alusivos, pero no exentos de falacia. Orwell llamó la atención sobre el abuso del eufemismo como arma para controlar la discusión y adormecer al pueblo, pues impactan cuando el interlocutor se relaja y no exige buenas razones para aceptar las afirmaciones, aceptando los motivos aparentes.

Ej. 1   Efectos colaterales = muertos civiles

Ej. 2   La contra nicaragüense = mercenarios antisandinistas pagados por EE.UU.

Ej. 3   Regulación de plantilla = despido masivo

3) Pregunta compleja o falacia de la interrogación o presuposición. Surge cuando la pregunta, marcadamente intencionada, incluye una presuposición y fuerza a admitirla, provocando una inducción falaz. La pregunta propende a forzar al interlocutor, o bien al silencio, o bien a contestar sí o no.

Ej. 1   ¿Has dejado ya de pegar a tu mujer?

Sea cual sea la respuesta, implícitamente se admitirá que antes se le pegaba.

B) RELEVANCIA

Afirmamos que un argumento es cogente —del inglés *cogency*, es decir, fuertemente coherente y demostrativo— y está bien construido cuando sus premisas reúnen 3 características:

1ª Aceptables:	si el interlocutor tiene razones para aceptarlas.
2ª Relevantes:	si guardan cierta conexión con la conclusión.
3ª Suficientes:	si ofrecen suficiente evidencia para deducir la conclusión.

En las falacias de relevancia suelen faltar alguno o varios de estos 3 requisitos. Con ello el argumento, formalmente correcto, se convierte en una falacia de relevancia, las cuales generalmente culminan en insuficiencia, pues la premisa irrelevante casi siempre termina siendo inexistente.

P_1 Si el aborto es una palabra de 6 letras, el aborto debería prohibirse legalmente
P_2 Aborto es una palabra de 6 letras
⊢ Luego, el aborto debería prohibirse legalmente

Tiene estructura formal de *modus ponens* (A → B; A, ⊢ B), y es un argumento formalmente válido. Pero al considerar su contenido, no resulta ser un argumento cogente, pues la segunda premisa es irrelevante para establecer la conclusión, aun siendo formalmente verdadera, y tampoco proporciona evidencia alguna para aceptar la conclusión. Además, dado que un supuesto ("si…") siempre puede ser verdadero o falso, es mucho más difícil establecer con garantías la veracidad de un condicional ("si…, entonces") que la de una afirmación. Y ello, reconociendo que la irrelevancia de la segunda premisa no menoscaba o invalida la corrección formal del *modus ponens* subyacente al argumento, que puede seguir siendo correcta.

1) Razón irrelevante o falacia *non sequitur*. En ella, se aportan razones que nada tienen que ver con la conclusión que pretende establecerse, y por ello la conclusión no es formalmente deducible de las premisas, aunque estas sean verdaderas. Ahora bien, si un argumento solo tiene una premisa irrelevante, siempre es falaz, mientras que, si existen varias premisas y solo una es irrelevante, debe aplicarse el denominado "principio de caridad" con el argumentador, colocando en suspenso la irrelevancia de la premisa en cuestión y aceptando la relevancia de las restantes.

P_1 El Real Madrid y el Barcelona se disputan ganar la liga de fútbol
P_2 El Real Madrid y el Barcelona son enemigos acérrimos
⊢ Luego, cuando gana el Real Madrid, pierde el Barcelona; y viceversa

2) Conclusión irrelevante o *ignoratio elenchi*, ignorar o eludir la cuestión. Surge cuando un razonamiento dirigido a establecer una conclusión particular es usado para probar una conclusión diferente, de tal modo que la conclusión afirma una cuestión distinta de la planteada en las premisas. Cuando la irrelevancia de la conclusión es máxima, por alejarse completamente de la cuestión planteada en las premisas, suele incurrir en disparate o absurdo, como en el dicho: — ¿De dónde vienes?
— Manzanas traigo.

Otro ejemplo de argumentación basada en una falacia *ignoratio elenchi* sería este conocido chiste: — ¿Qué buscas bajo la farola?

— Las llaves.

— ¿Las has perdido aquí?

— No, pero aquí hay más luz.

En definitiva, la conclusión carece de atingencia lógica respecto a la cuestión afirmada, planteada o discutida en las premisas. Otro ejemplo, articulado en forma de silogismo, podría ser el siguiente:

P₁ Según Juan, la política de Carles Puigdemont desestabiliza la sociedad

P₂ Carles Puigdmemont es catalán

⊢ Luego, Juan insulta a Cataluña

C) EVIDENCIA

El grupo de las falacias de evidencia se caracteriza porque la invalidez del razonamiento está vinculada con la demostración o prueba de la conclusión aportada por las premisas. Es decir, tales argumentos presentan las premisas como si aportaran una base sólida para inferir la conclusión, cuando en realidad ofrecen un apoyo escaso o nulo. Así sucede, por ejemplo, cuando se pretende basar la conclusión sobre una base de datos inapropiada o insuficiente, como sucede con el subgrupo de las falacias de inferencia estadística; o también en caso de apoyar la conclusión en premisas que presentan una relación causa-efecto inexistente o insuficiente, como sucede con el subgrupo de las falacias de causa cuestionable o inaceptable. En general, en el grupo de las falacias de evidencia la inferencia extraída por la conclusión carece de pruebas o la demostración aportada por las premisas resulta defectuosa o insuficiente, y por ello el argumento adolece de evidencia bastante para aceptar la conclusión.

Algunas de las falacias de evidencia más frecuentes son las de generalización inadecuada y las de causa falsa en general, aunque estas últimas suelen especificarse en caos concretos.

C1) Generalización inadecuada

En ellas el razonamiento, habitualmente de tipo inductivo, presenta una conclusión general a partir de una o varias premisas cuyos datos particulares son insuficientes o inadecuados para establecer la generalización. El refrán "Por un perro que maté, Mataperros me llamaron" ilustra acertadamente el quid de esta falacia, pues muestra cómo un solo caso particular en la premisa no legitima transcurrir al enunciado general contenido en la conclusión.

Veamos otros ejemplos.

P₁ El 90% de los miembros de ETA eran vascos

⊢ Luego, el 90% de los vascos son terroristas

En tal caso, la generalización resulta inadecuada por pretender que el porcentaje del 90% pueda aplicarse en general a todos los miembros del conjunto "ser vasco" solo porque la premisa establece ese porcentaje para los miembros del conjunto "ser miembro de ETA", de modo que se pretende valga dicho porcentaje vinculado al vocablo "vasco" empleado en la premisa como predicado —una propiedad— tanto como cuando viene vinculado al vocablo "vasco" empleado en la conclusión como sujeto —un conjunto de elementos—.

El siguiente ejemplo de falacia de generalización inadecuada es bastante más habitual y surge cuando en la conclusión se afirma una regla general a partir de premisas que apenas examinan unos pocos casos específicos que no son representativos de todos los posibles.

P_1	María es morena y deportista
P_2	Rosario es morena y deportista
P_3	Eulalia es morena y deportista
P_4	Alicia es morena y deportista
⊢	Todas las mujeres son morenas y deportistas

Otros ejemplos de este tipo de falacia de generalización inadecuada o apresurada serían razonamientos como los siguientes:

P_1	Únicamente he visto cisnes blancos
⊢	Luego, todos los cisnes son blancos

P_1	Mis amigos andaluces son graciosos
⊢	Luego, todos los andaluces son graciosos

P_1	Todas las mujeres que conozco tienen dos pechos
⊢	Luego, todas las mujeres tienen dos pechos

C2) Causa falsa

Asistimos a una falacia de causa falsa cuando el argumento presenta como causa real de un hecho a algo —factor, circunstancia, ente, individuo, etc.— sin que existan verdaderos motivos, evidencias o razones directas para poder considerarlo como tal. Las falacias de causa falsa en general o *Non causa pro causa*, esto es, asumir una "No causa por causa", constituyen un subgrupo genérico de las falacias de evidencia entre las cuales suele incluirse, entre otras, las siguientes.

1) *Post hoc, ergo propter hoc.* Locución latina cuya traducción podría ser "Después de esto, luego a causa de esto". Es decir, dentro del subgrupo de las falacias de causa falsa, designa un razonamiento falaz en el cual la falsedad de la causa deriva de atribuir ilegítimamente causalidad a la anterioridad, presuponiendo que el hecho acaecido antes constituye la causa del acontecido después. Así, la relación antes-después entre dos hechos, procesos o fenómenos se presenta en la conclusión como una relación causa-efecto entre los hechos, procesos o fenómenos vinculados. Por ejemplo, durante siglos se consideró que el arco iris provocaba el fin de la lluvia bajo ciertas circunstancias, porque su aparición suele preceder a las últimas gotas de lluvia de una fuerte tormenta. El razonamiento subyacente a esta creencia podría expresarse de la siguiente forma:

P_1	El arco iris precede siempre al cese de la lluvia
⊢	Luego, el arco iris causa el cese de la lluvia

2) *Cum hoc, ergo propter hoc.* Locución latina cuya traducción podría ser "Con esto, luego a causa de esto". Similar al supuesto anterior, en este caso la falacia consiste en afirmar la relación causal entre dos eventos porque ocurren simultáneamente. Se infiere la existencia de una relación causal entre dos o más eventos por el hecho de haber observado una correlación estadística entre ellos, y de ahí que esta falacia suele refutarse con la frase "Correlación no implica necesariamente causalidad". El siguiente ejemplo ilustraría este tipo de falacia:

P_1 Desde 1900 la temperatura ha ascendido y el número de piratas ha disminuido

⊢   Luego, el incremento de la temperatura disminuye el número de piratas

Un tipo específico de esta falacia es la llamada falacia de dirección incorrecta o de causalidad inversa, que consiste básicamente en confundir la causa con el efecto o viceversa. Así, cuando Carlos Marx en su *Miseria de la filosofía* critica la relación entre oferta y demanda propuesta por Joseph Proudhon en *Filosofía de la miseria*, ilustra el error de este último con la siguiente analogía: "El señor Proudhon observa que cuando el Sol sale, la gente pasea; a partir de ahí, pretende que el Sol salga forzando a la gente a pasear". Es decir, al afirmar erróneamente que estimulando la demanda de un bien o servicio podía provocarse su producción para ser ofertado, Proudhon planteaba una causalidad inversa análoga a la existente entre la oferta de luz y calor producida por el Sol —la verdadera causa del paseo de la gente— y la demanda de luz y calor mostrada por la gente al pasear —el efecto de la luz solar—. Otro ejemplo de causalidad inversa sería el siguiente:

P_1 Cuando hay inflación, los comerciantes aumentan los precios

⊢   Luego, los comerciantes causan la inflación

En este caso, la confusión entre correlación y causalidad también aparece clara. La inflación y el aumento de precios fijado por los comerciantes suceden simultáneamente, pero es la inflación el fenómeno económico que provoca que los comerciantes suban, o mejor dicho se vean obligados a subir, los precios y no viceversa.

TEMA 5. FALACIAS
EJERCICIOS

5.1) En los siguientes argumentos:
  a) Señala el pasaje concreto donde se incurre en falacia.
  b) Analiza por qué dicha falacia convierte el razonamiento en inaceptable.
  c) Indica la clase o tipo de falacia a que pertenece.
  d) Indica el nombre particular de la falacia, si lo tiene y lo conoces.

1. «Señor concejal, hasta ahora usted ha hecho caso omiso de las sugerencias de este párroco. Pero recuerde, las elecciones locales se convocarán en breve. Mis feligreses son muchos y siguen de cerca mis sermones».

2. «Como todos los *hippies* y perro-flautas, Juan combate los desahucios y defiende la dación en pago».

3. «El defensor de los animales preguntó al cazador si consideraba correcto sacrificar animales para su propia diversión. El cazador replicó preguntando al defensor, "¿Por qué se alimenta usted con la carne de ganado inocente?"».

4. «El parapsicólogo afirma que los fantasmas existen porque nadie nunca ha logrado probar que no existan. Los estudiantes de ciencias afirman la falsedad de estas tesis defendidas por los parapsicólogos porque su verdad no ha sido establecida».

5. «Claro amigo, yo soy un hombre, y como los otros hombres una criatura de carne y sangre, y no de madera o piedra como dice Homero; y tengo también familia, sí, y tres hijos, ¡oh atenienses!, tres en número, uno casi un hombre y dos aún pequeños; sin embargo, no traeré a ninguno de ellos ante vosotros para que os pida mi absolución». Platón, *Apología de Sócrates*.

6. «Votad al candidato Martínez, todo el mundo vota por él. De hecho, los reportajes sobre su campaña electoral registran la mayor audiencia en todo el país y todos creen en sus discursos».

7. «La democracia cristiana, cuando gobierna un país, suele afirmar que su política económica y social tiene éxito porque respeta los mandatos divinos recogidos en los textos sagrados. Sin embargo, los hechos muestran cómo, en la mayoría de ocasiones, dichos éxitos se deben al puro azar. Es inaceptable su pretensión, pues, como dijo Einstein, "Dios no juega a los dados"».

8. «Conceder a todo hombre ilimitada libertad de expresión debe ser siempre, en conjunto, ventajoso para el Estado; pues es sumamente benéfico para la comunidad que todo individuo goce de una posibilidad, absolutamente sin trabas, de manifestar sus sentimientos». R. Whately, *Elementos de lógica*.

9. «El gerente de la empresa contratista que trabajaba para el Ministerio comenzó su conferencia titulada "Privado *versus* público" preguntando a su audiencia: ¿"Por qué la explotación privada de los recursos y servicios públicos es siempre más eficiente que cualquier tipo de gestión o control público?"».

10. «Señores del jurado —afirmó el Fiscal—, deben decidir ustedes sobre la inocencia o culpabilidad del Sr. Gutiérrez en este caso de asesinato. La víctima recibió hasta trece puñaladas, fue atacada por la noche y mientras dormía en su domicilio. Sin olvidar que padecía retraso mental y era hija del propio Gutiérrez. Sin duda estamos ante un cruel e implacable asesino».

11. «Kenneth Robinson, cuando era ministro de Salud Pública de Gran Bretaña, dijo ante el Parlamento que la cienciología era "potencialmente dañina" y "una amenaza potencial". Se solicitó a Elliot, sacerdote local de la Iglesia de Cienciología, que comentara esas críticas. Sobre las observaciones hechas ante el Parlamente, dijo: "Me temo que el señor Robinson ha sufrido desde entonces dos descensos de categoría y en las últimas semanas ha sido exonerado calladamente del gobierno de Wilson"». *The Honolulu Advertiser*, 22 de noviembre de 1969.

12. «Cuando Roger Babson, cuya predicción del gran derrumbe de la bolsa le conquistó renombre, se enfermó de tuberculosis, volvió a su hogar de Massachusetts, en lugar de seguir el consejo de su médico de quedarse en el Oeste. Durante el glacial invierno dejó las ventanas abiertas, usaba una chaqueta con una almohadilla para calentarse la espalda y hacía que su secretaria usara guantes y escribiera en la máquina de escribir con martillos de goma. Babson mejoró y atribuyó su cura al aire fresco. El aire de los bosques de pinos, según Babson, tiene propiedades químicas o eléctricas (o ambas) de gran valor medicinal». Martín Gadner, *Manías y falacias en nombre de la ciencia*.

13. «Para beneficio de los representantes que no han estado aquí antes de este año, tal vez sea útil explicar que el punto en discusión planteado a la Asamblea General es ese persistente punto llamado "el tema soviético". Se trata exclusivamente de una proposición de propaganda, no introducida con el serio propósito de emprender una acción seria, sino solo como pretexto para pronunciar una serie de discursos con vistas a su publicación en la prensa mundial. Algunos consideran esto una política muy hábil. Otros, entre los cuales desea ser incluido el orador, lo consideran una respuesta inadecuada a las necesidades de la hora». Henry Cabot Lodge, *Discurso ante la Asamblea General de las Naciones Unidas*, 30 de noviembre de 1953.

14. «Por supuesto, el socialismo es deseable. Consideremos los hechos. En una época todos los beneficios eran privados, mientras que ahora son cada vez más del Gobierno. Las leyes sobre seguros sociales incluyen muchos de los principios que los socialistas han mantenido siempre. Estamos en el camino del socialismo, y su triunfo total es inevitable».

15. «Pero, ¿puede usted dudar de que el aire tenga peso, cuando tiene el claro testimonio de Aristóteles, quien afirma que todos los elementos tienen peso, inclusive el aire, y con la sola excepción del fuego?». Galileo Galilei, *Diálogos concernientes a dos nuevas ciencias*.

16. «No tiene objeto tomar un obrero calificado para esa tarea, porque muchos que son considerados como obreros calificados no lo son más que cualquier otro».

17. «Se cuenta la siguiente historia acerca de Wendell Phillips, el abolicionista. Un día se encontraba en el mismo tren con un grupo de clérigos del Sur que se dirigían a una conferencia. Cuando los sureños se enteraron de la presencia de Phillips, decidieron divertirse a sus expensas. Uno de ellos se acercó y le dijo:
— ¿Es usted Wendell Phillips?
— Sí, señor —fue la respuesta.
— ¿Es usted el gran abolicionista?
— No soy grande, pero soy abolicionista.
— ¿No es usted quien pronuncia discursos en Boston y Nueva York contra la esclavitud?
— Sí, soy yo.
— ¿Por qué no va usted a Kentucky y hace discursos allí?
   Phillips contempló a su interlocutor durante un momento y luego le dijo:
— ¿Es usted un clérigo?
— Sí, lo soy —replicó el otro.
— ¿Trata usted de salvar almas del infierno? —Sí.
—Pues bien, ¿por qué no va usted allí?».

18. «Nuestro equipo es el mejor del torneo, porque tiene los mejores jugadores y el mejor entrenador. Sabemos que tiene los mejores jugadores y el mejor entrenador porque ganará el torneo. Y ganará el torneo porque merece ganarlo. Por supuesto merece ganarlo porque es el mejor equipo del torneo».

TEMA 6. LENGUAJE FORMAL. ELEMENTOS Y FORMALIZACIÓN

6.1 SÍMBOLOS Y REGLAS

El lenguaje artificial empleado por la Matemática y la Lógica es de tipo abstracto, simbólico o formal. Los lenguajes simbólicos presentan dos características que facilitan la actividad y el conocimiento científico.

1ª Emplear símbolos formales. La tabla de símbolos de un lenguaje formal equivale al alfabeto del lenguaje natural, por constituir el inventario de los signos, constantes y variables en que se basa. Los símbolos de un lenguaje formal orientado al cálculo deductivo pueden ser:

1. Lógicos: constantes lógicas; conectores o juntores y cuantificadores o cuantores.
2. No lógicos: letras referentes a enunciados, predicados e individuos.
3. Auxiliares: paréntesis y corchetes.

Las comas destinadas a separar unos signos de otros no constituyen símbolos formales.

A) Lógicos
1. Conectores $\neg, \wedge, \vee, \rightarrow, \leftrightarrow$
2. Cuantificadores $\wedge, \vee$

B) No lógicos
1. Letras enunciativas $p, q, r, ..., p_1, q_1, r_1, ...$
2. Letras predicativas $P, Q, R, ..., P_1, Q_1, R_1, ...$
3. Letras individuales   de dos tipos:
   a) Constantes $a, b, c, ...$
      Su sentido es siempre idéntico, como "+", "=" o "f" en Aritmética.
   b) Variables $x, z, y, ...$
      Su sentido cambia según el contexto, como "x", "y" o "z" en Aritmética.
4. Letras funtoriales $f, g, h, ..., f_1, g_1, h_1, ...$

C) Auxiliares
1. Paréntesis $( )$
2. Corchetes $[ ]$

SÍMBOLOS LÓGICOS PRINCIPALES		
NOMBRE	SÍMBOLO	LECTURA
Afirmación		sí
Negación	$\neg$	no
Conjunción	$\wedge$	y
Disyunción	$\vee$	o
Implicación	$\rightarrow$	si . . . entonces
Coimplicación	$\leftrightarrow$	sí y solo sí
Contradicción	$*$	imposible, y por tanto necesariamente falso
Conclusión o deductor	$\vdash$	por tanto

2ª Emplear reglas. Destinadas regular la formación y transformación de fórmulas, es decir, a decidir mecánicamente si una fórmula está bien formada o no y a establecer cómo operar correctamente con ellas.

REGLAS LÓGICAS PRINCIPALES		
NOMBRE	FORMALIZACIÓN	ABREVIATURA
Principio de identidad	$A \vdash A$	PI
Principio de no contradicción	$\neg (A \wedge \neg A)$	PNC
Principio de *tertio excluso*	$A \vee \neg A$	PTE
Ex contradictione quodlibet	$A \ldots \neg A \vdash B$	ECQ
Introducción de la negación o *reductio ad absurdum*	$A \ldots * \vdash \neg A$	IN o Abs

6.2 FORMALIZACIÓN. NOCIONES BÁSICAS

Traducir el lenguaje natural o no formal al lenguaje formal no es un proceso automático, pues no existe ningún procedimiento algorítmico o regla que permita establecer mecánicamente cómo realizar la traducción con garantías de unicidad o exactitud. Entre las partículas y conjunciones del lenguaje natural o no formal y los conectores del lenguaje formal no existe una relación de correspondencia biunívoca, sino que en la mayoría de casos la relación es de uno a varios o de varios a uno. Con ello, ni a cada partícula o conjunción del lenguaje natural corresponde un conector y solo uno, ni tampoco viceversa. Así, en los siguientes ejemplos…

Estar vivo equivale a no estar muerto
Apruebas si y solo si obtienes una nota de 5 o superior
Eres mayor de edad cuando únicamente tienes 18 o más años

… hallamos tres conjunciones o partículas diferentes del lenguaje no formal —"equivale", "si y solo si", "cuando únicamente"— cuya traducción al lenguaje formal se implementa en cambio mediante un único conector ($\leftrightarrow$), pues la estructura lógica subyacente a los tres enunciados es idéntica: $p \leftrightarrow q$.

Y viceversa. Por ejemplo, el enunciado "Los sublevados perderán la batalla (p), salvo si llegan refuerzos a tiempo (q)" puede formalizarse mediante la fórmula $p \vee q$ ("O los sublevados perderán la batalla o los refuerzos llegarán a tiempo"), pero también puede formalizarse mediante la fórmula $\neg q \rightarrow p$ ("si los refuerzos no llegan a tiempo, los sublevados perderán la batalla"). Es decir, el mismo enunciado del lenguaje natural o no formal puede formalizarse correctamente con más de un esquema de inferencia.

De hecho, así sucede muy a menudo con el tipo de enunciados análogos al de este último ejemplo, por cuanto les resulta aplicable la denominada equivalencia lógica o interdefinibilidad de los conectores, según se aludirá brevemente en el apartado 2.7.3 *in fine* al exponer la disyunción exclusiva. En tales casos, resultaría preferible la fórmula lógica que exprese con mayor precisión, claridad y pulcritud el enunciado del lenguaje natural formalizado, aunque también resultaría admisible la fórmula lógica equivalente basada en conectores interdefinibles.

6.3 FORMACIÓN DE FÓRMULAS

En Lógica, fórmula es toda secuencia ordenada de símbolos. Serían fórmulas, por ejemplo, tanto $p \wedge q$ como $\neg \vee q \rightarrow (r \wedge \rightarrow s)$. No obstante, existen fórmulas bien formadas y otras no. Las fórmulas bien formadas satisfacen alguno de estos criterios:

1º Estar constituida por una variable de enunciado: p, q, r, etc.

2º Estar precedida por un negador: $\neg p$, $\neg q$, $\neg r$, etc.

3º Estar seguida por cualquiera de los conectores $\wedge$, $\vee$, $\rightarrow$, $\leftrightarrow$ y subseguida de una fórmula bien formada empleando correctamente los paréntesis: $p \wedge q$, $\neg (p \vee q)$, $p \leftrightarrow (q \wedge r)$, etc.

Son fórmulas atómicas las que cumplen el criterio 1º y moleculares aquellas que cumplen alguno de los criterios 2º o 3º. Si no cumplen ninguno de los tres criterios, las fórmulas no están bien formadas, como en el caso de la fórmula $\neg \vee q \rightarrow (r \wedge \rightarrow s)$ citada en el primer párrafo de este apartado. No obstante, el coimplicador puede ser considerado un conector o bien un símbolo derivado, pues: $p \leftrightarrow q = (p \rightarrow q) \wedge (p \rightarrow q)$.

6.4 CONSIDERACIONES SOBRE EL USO DE PARÉNTESIS

Aunque en Lógica el uso de los paréntesis sigue básicamente los mismos criterios que en Matemáticas, por cuestiones de economía suelen observarse las siguientes convenciones:

1ª Si el negador se aplica a una fórmula atómica, como por ejemplo p, no requiere paréntesis; pero sí lo requiere si se aplica a una proposición molecular, como por ejemplo $p \wedge q$.

| correcto | $\neg p$ | incorrecto | $\neg (p)$ |
| correcto | $\neg (p \wedge q)$ | incorrecto | $\neg p \wedge q$ |

2ª Dos o más conjuntores en una misma fórmula atómica no requieren paréntesis; tampoco dos o más disyuntores.

| correcto | $p \wedge q \wedge r$ | incorrecto | $(p \wedge q \wedge r)$ |
| correcto | $p \vee q \vee r$ | incorrecto | $(p \vee q \vee r)$ |

3ª Toda combinación de conjuntores y disyuntores en la misma fórmula requiere paréntesis.

| correcto | $p \wedge (q \vee r)$ | incorrecto | $p \wedge q \vee r$ |
| correcto | $(p \wedge q) \vee r$ | incorrecto | $p \wedge q \vee r$ |

4ª Dos o más implicadores o coimplicadores en una misma fórmula requieren paréntesis.

correcto	$(p \rightarrow q) \rightarrow r$	incorrecto	$p \rightarrow q \rightarrow r$
correcto	$p \rightarrow (q \rightarrow r)$	incorrecto	$p \rightarrow q \rightarrow r$
correcto	$(p \leftrightarrow q) \leftrightarrow r$	incorrecto	$p \leftrightarrow q \leftrightarrow r$
correcto	$p \leftrightarrow (q \leftrightarrow r)$	incorrecto	$p \leftrightarrow q \leftrightarrow r$

5ª El implicador y el coimplicador son prioritarios respecto del conjuntor y disyuntor, y por eso cuando desempeñan como símbolo principal pueden omitirse ciertos paréntesis.

correcto	$(p \wedge q) \rightarrow r$	correcto	$p \wedge q \rightarrow r$
correcto	$(p \wedge q) \rightarrow (r \vee s)$	correcto	$p \wedge q \rightarrow r \vee s$
correcto	$\neg (p \vee q) \rightarrow (r \wedge s)$	correcto	$\neg (p \vee q) \rightarrow r \vee s$

En caso de duda, la recomendación general sería emplear los paréntesis antes que omitirlos, pues precisan el alcance exacto de los conectores y las fórmulas moleculares y con ello garantizan de modo más fidedigno el resultado de la formalización y las operaciones lógicas.

TEMA 6. LENGUAJE FORMAL. ELEMENTOS Y FORMALIZACIÓN
EJERCICIOS

6.1) Indica si estas fórmulas están bien formadas (fbf) o no (fnbf).

1. $p \wedge \neg p$
2. $\neg (p)$
3. $p \rightarrow q$
4. $(p \wedge q \wedge r)$
5. $p \leftrightarrow q$
6. $(p \vee q \vee r)$
7. $\neg p \rightarrow q$
8. $p \wedge \neg (p)$
9. $p \wedge \neg q$
10. $(p \vee \neg (p)$
11. $q \rightarrow \neg p$
12. $(p \vee \neg p) \wedge (q \wedge r \rightarrow t)$
13. $p \wedge (q \vee r)$
14. $(p \vee q) \rightarrow \neg (r \wedge s)$
15. $p \vee q \rightarrow r$
16. $p \wedge \neg \rightarrow r$
17. $(p \wedge q) \vee r$
18. $p \wedge q \wedge r \rightarrow s$
19. $(p \wedge q) \leftrightarrow r \wedge s$
20. $(p \vee \neg p) \wedge q \wedge r \rightarrow t$

21. $p \leftrightarrow [(q \vee r) \wedge \neg s]$
22. $[(p \wedge q) \leftrightarrow (r \wedge s)] \rightarrow t$
23. $p \rightarrow (q \rightarrow r)$
24. $p \wedge (q \vee r)$
25. $p \rightarrow q \rightarrow r$
26. $p \wedge q \vee r$
27. $r \vee s \vee t$
28. $p \rightarrow (q \leftrightarrow r)$
29. $\neg (p \vee q) \rightarrow r \vee s$
30. $p \leftrightarrow q \leftrightarrow r$

6.2) Formaliza estos enunciados del lenguaje natural con una fórmula bien formada.

1. París es la capital de Francia y Londres es la capital de Inglaterra

2. Haremos el examen el jueves o el viernes

3. Si María es tu madre, entonces somos primos

4. Estás muerto únicamente si no estás vivo

5. El electrón no tiene carga positiva

6. Si es de plata auténtica, el anillo será más caro

7. Rosa es morena, Inés es rubia, Raquel es pelirroja

8. En la furgoneta vendrán Juan y Aitana o Pablo y Noemí

9. Madrid no está en China y Pekín no está en España

10. Los niños sonríen solo cuando son felices

11. Sus padres son: Raquel o Nerea y Alejandro o Eduardo

12. Barcelona no es ciudad de Estados Unidos

13. El Amazonas es el río más largo y caudaloso

14. Si llueve no saldremos

15. No vengas a menos que no llueva

16. Si no estudias, no apruebas

17. O te duermes o nos vamos

18. Si no te duermes nos vamos

19. Si mientes no podemos ser amigos

20. Iremos bien coche, bien en furgoneta o bien en camión

21. Iremos en coche, en furgoneta y en camión

22. Iremos en coche y en furgoneta o en camión

23. Si Juan e Inés son primos entonces Lola y Paco son sobrinos

24. Si llueve no saldremos, si no llueve iremos a la playa

26. Con el 1 ganará Pedro, con el 2 Lucía, con el 3 Leo

27. Si bebes no conduzcas

28. Si no bebes conduce

29. Si nace niña serán hermanas, si niño hermanos

30. Ella solo se casará si está enamorada, el solo si es feliz

75

6.3) Traduce estas fórmulas bien formadas a enunciados del lenguaje natural.

1. p

2. $\neg p$

3. $\neg (p)$

4. $p \wedge q$

5. $p \vee q$

6. $p \rightarrow q$

7. $p \leftrightarrow q$

8. $p \wedge q \rightarrow r$

9. $p \vee q \rightarrow r$

10. $p \rightarrow q \wedge r$

11. $p \rightarrow q \vee r$

12. $p \wedge q \leftrightarrow r \vee s$

13. $[s \rightarrow (p \wedge q)] \leftrightarrow r \vee t$

14. $p \vee q \rightarrow \neg (r \wedge s)$

15. $\neg (p \wedge q) \rightarrow r$

16. $p \wedge q \wedge r \wedge s$

17. $p \vee q \vee r \vee s$

18. $p \vee q \wedge r \vee s$

19. $(p \vee q) \wedge (r \vee s)$

20. $(p \wedge q) \vee (r \wedge s)$

21. $(p \vee \neg p) \wedge (q \wedge r)$

22. $(p \vee q) \wedge (q \rightarrow r)$

23. $p \wedge q \rightarrow \neg r \wedge s$

24. $p \wedge q \wedge r \rightarrow s \wedge t$

26. $p \wedge q \leftrightarrow r \vee s$

27. $\neg (r \wedge s) \rightarrow p \vee q$

28. $r \wedge s \rightarrow \neg (p \vee q)$

29. $r \vee s \wedge p \rightarrow \neg (p \vee q)$

30. $p \vee \neg q \rightarrow r \wedge s$

TEMA 7. LÓGICA DE ENUNCIADOS

7.1 COMPOSICIÓN DE ENUNCIADOS

La composición de enunciados es un fenómeno lingüístico común al lenguaje natural y al lenguaje formal. Así, por ejemplo, dados dos enunciados como "Madrid es la capital de España" y "Madrid está ubicada en el centro de una península", es posible componerlos o combinarlos mediante partículas como "y", "o" y otras similares: "Madrid es la capital de España y está ubicada en el centro de una península". La sección de la Lógica encargada del estudio de la composición de enunciados mediante tales partículas se denomina lógica de enunciados, lógica proposicional, lógica composicional o lógica de conectores.

La lógica de enunciados distingue entre los enunciados a componer y los nexos composicionales o partículas lingüísticas que permiten establecer la composición. Dichos nexos o partículas coinciden aproximadamente con las categorías gramaticales que la Gramática denomina conjunciones. Las conjunciones gramaticales y partículas afines con mayor interés para la lógica de enunciados son cuatro: "no", "y", "o" y "si…, entonces". Estos nexos o partículas reciben el nombre de conectivas, conectores o juntores.

El objeto de la lógica de enunciados es formalizar y definir los conectores y estudiar las reglas de combinación y deducción de los enunciados basadas en ellos. Como todo lenguaje formal, la lógica proposicional o composicional también emplea símbolos abstractos del tipo constante y variable. Así, en la lógica de enunciados las constantes son los conectores o nexos, mientras las variables son los enunciados y se simbolizan mediante las letras minúsculas p, q, r, etc., denominadas letras enunciativas o proposicionales.

La conclusión de un argumento se simboliza con los signos "⊢" o "∴".

7.2 CONECTORES

7.2.1 Negador

El símbolo "¬" recibe el nombre de negador y puede considerarse la traducción al lenguaje formal del adverbio "no" propio del lenguaje natural o cualquier otra partícula que signifique la idea de negación, como "ni", "tampoco", etc. Cuando se adjunta el negador a la izquierda de un enunciado, por ejemplo, "París es la capital de Francia" (V) o "p" (V), la consecuencia es que tal enunciado resulta negado: "París no es la capital de Francia" (F) o "$\neg p$", el cual se lee "no p", "no es cierto que p" o "es falso que p".

La función del negador en lógica de enunciados también es similar a la del signo "–" en álgebra. Es decir, si un enunciado es verdadero (V) y por tanto tiene valor positivo (+), su negación es falsa (F) y por tanto tienen valor negativo "–"; y viceversa. Las condiciones de verdad de la negación pueden representarse así en una tabla, cuya primera columna de la izquierda describe los posibles valores de verdad de un determinado enunciado p, y cuya segunda señala los valores de verdad correspondientes a la negación de dicho enunciado.

p	$\neg p$
V	F
F	V

7.2.2 Conjuntor

El símbolo "∧" recibe el nombre de conjuntor y puede considerarse la traducción al lenguaje formal de la conjunción "y" propia del lenguaje natural o cualquier otra partícula que signifique la idea de conjunción, como "pero", "aunque", "sin embargo", etc., o signos de puntuación como ",", ";", etc. La combinación de dos expresiones mediante el conjuntor, por ejemplo, de dos variables proposicionales "p" y "q", es su conjunción: "$p ∧ q$", que se lee "p y q". El conjuntor también recibe el nombre de símbolo del producto lógico.

La conjunción afirma la verdad de ambos componentes. Por ello, es verdadera solo si sus dos componentes son verdaderos y falsa en caso contrario. Así, el enunciado "París es la capital de Francia y es contigua a Londres" es una conjunción falsa, pues, aunque su primer componente es verdadero, el segundo es falso.

Las condiciones de verdad del conjuntor pueden representarse así en una tabla, cuyas dos primeras columnas de la izquierda indican las cuatro combinaciones posibles de verdad y falsedad para las proposiciones "p" y "q", mientras la tercera señala los valores de verdad correspondientes para cada uno de los cuatro supuestos en la conjunción de ambas proposiciones.

p	q	$p ∧ q$
V	V	V
V	F	F
F	V	F
F	F	F

7.2.3 Disyuntor

El símbolo "∨" recibe el nombre de disyuntor y puede considerarse la traducción al lenguaje formal de la conjunción "o" propia del lenguaje natural o cualquier otra partícula que signifique la idea de disyunción como "o bien", "así", "u" subseguida de la vocal "o", etc. La combinación de dos expresiones mediante el disyuntor, por ejemplo, de dos variables proposicionales "p" y "q", es su disyunción: "$p ∨ q$", que se lee "p o q". El disyuntor también recibe el nombre de símbolo de la suma lógica.

La disyunción solo es falsa cuando ambas proposiciones son falsas y verdadera en caso contrario. Así, la disyunción de los enunciados "París es la capital de Francia" (V) o "p" y "París es contigua a Londres" (F) o "q" se formalizaría con "$p ∨ q$" y sería verdadera, pues al menos uno de sus componentes es verdadero.

Las condiciones de verdad del disyuntor pueden representarse así en una tabla, organizada del mismo modo que las anteriores.

p	q	$p ∨ q$
V	V	V
V	F	V
F	V	V
F	F	F

Esta es la denominada disyunción inclusiva. Ahora bien, la disyunción de dos enunciados también puede ser exclusiva si la verdad de uno excluye la verdad simultánea del otro, como en los ejemplos "La nota puede ser aprobado o suspenso", "Maite está viva o está muerta". Por ello, la disyunción exclusiva es verdadera cuando uno de sus dos componentes es verdadero y el otro falso, y falsa en caso contrario. El símbolo disyuntor excluyente es "w", se lee igual que el excluyente y sus valores de verdad en forma de tabla son los siguientes.

p	q	$p \text{ w } q$
V	V	F
V	F	V
F	V	V
F	F	F

No obstante, en adelante este manual de la asignatura considerará únicamente la disyunción inclusiva de ambos valores de verdad, pues en el lenguaje formal la disyunción exclusiva es innecesaria, ya que un enunciado del lenguaje natural con sentido disyuntivo excluyente puede formalizarse gracias a denominada equivalencia lógica o interdefinibilidad de los conectores, esto es, combinando de diversos modos el disyuntor inclusivo, el negador, el conjuntor y los paréntesis. Así,

$p \text{ w } q$ es lógicamente equivalente a $(p \lor q) \land \neg (p \lor q)$

$p \text{ w } q$ es lógicamente equivalente a $(p \land \neg q) \lor (\neg p \land q)$

$p \text{ w } q$ es lógicamente equivalente a $\neg (p \land q) \lor \neg (\neg p \land \neg q)$

7.2.4 Implicador

El símbolo "$\rightarrow$" recibe el nombre de implicador y puede considerarse la traducción al lenguaje formal de la combinación entre conjunción y adverbio demostrativo "si…, entonces…" o cualesquiera otras partículas propias del lenguaje natural que signifiquen la idea de condición, como "cuando…, entonces", "solo si…, entonces", etc. Los manuales anglosajones de Lógica también suelen simbolizarlo con una herradura abierta a la izquierda, "$\supset$".

En la formalización de enunciados, la partícula "si" introduce el antecedente y la partícula "entonces", que en el lenguaje natural puede y suele estar omitida, introduce el consecuente o consiguiente. Por ejemplo, en el enunciado "Si obtengo 5, entonces apruebo", la primera locución "obtengo un 5" (p) es el antecedente y sería condición suficiente —pero no necesaria— para que se produzca el resultado "apruebo" (q), el cual se convierte por tanto en el consecuente. El enunciado de este ejemplo se formalizaría "$p \rightarrow q$". Con ello, si aparece el antecedente, debe darse el consecuente; ahora bien, el consecuente puede resultar sin darse el antecedente, pues el aprobado también puede obtenerse con 6, 7, 8, etc. En definitiva, la combinación de dos expresiones o enunciados "p" y "q" mediante implicador es su implicación: "$p \rightarrow q$", que se lee "p implica q" y también "si p, entonces q".

No obstante, cuando a la conjunción "si" se antepone el adjetivo "solo" o los adverbios "solamente" o "únicamente", etc., el compuesto resultante "solo si" —etc.— invierte el sentido de la implicación, pues introduce ahora no el antecedente, sino el consecuente, y por el contrario "entonces" introduce ahora el antecedente. Así, continuando con el ejemplo anterior, en el enunciado "Solo si obtengo 5, entonces apruebo", la primera locución "Solo si obtengo 5" (p) viene planteada como una condición necesaria —pero no suficiente— para que surja el resultado "apruebo" (q): esto es, significa "Si logro aprobar es porque necesariamente habré obtenido 5". Así, en el enunciado del lenguaje natural se han invertido las posiciones de antecedente y consecuente lógicos, y en consecuencia su formalización correcta sería "$q \rightarrow p$".

Una implicación es falsa solo si el antecedente es verdadero (V) y el consecuente falso (F), y verdadera en caso contrario. Así, la implicación de los enunciados "París es la capital de Francia" (V) o "p" y "París es contigua a Londres" (F) o "q" se leería "Si París es la capital de Francia, entonces es contigua a Londres", se formalizaría "$p \rightarrow q$" y sería falsa, pues su antecedente es verdadero y su consecuente falso. Con cualesquiera otras combinaciones de valores de verdad entre antecedente y consecuente, la implicación sería verdadera.

Las condiciones de verdad del implicador pueden representarse así en una tabla.

p	q	$p \rightarrow q$
V	V	V
V	F	F
F	V	V
F	F	V

La implicación es una operación lógica con la cual se intenta que, de la verdad del antecedente, se siga la del consecuente. Así aparece en la tabla con mayor claridad cuando se trata de los dos primeros casos y del último, donde se da el mismo valor de verdad F para antecedente y consecuente. En el tercero, el antecedente solo es condición suficiente del consecuente, y, por tanto, si bien el antecedente es falso, el consecuente puede ser verdadero y con ello se satisface la finalidad de la implicación.

7.2.5 Coimplicador

El símbolo "$\leftrightarrow$" recibe el nombre de coimplicador y puede considerarse la traducción al lenguaje formal de las expresiones "si y solamente si", "Cuando y solamente cuando" y "equivale". También se le denomina bicondicionador o equivaledor.

La combinación de dos expresiones o enunciados "p" y "q" mediante coimplicador es su coimplicación: "$p \leftrightarrow q$", que se lee "p si y solo si q"; y también "p cuando y solamente cuando"; y también "p equivale a q".

Una coimplicación es verdadera cuando sus valores de verdad coinciden —ambos son verdaderos o ambos falsos— y falsa en caso contrario. Así, la coimplicación de los enunciados "París es la capital de Francia" (V) o "p" y "París es contigua a Londres" (F) o "q" se leería "París es la capital de Francia si y solo si es contigua a Londres", se formalizaría "$p \leftrightarrow q$" y sería falsa, pues su primer componente es V y su segundo F.

Las condiciones de verdad del coimplicador pueden representarse así en una tabla.

p	q	$p \leftrightarrow q$
V	V	V
V	F	F
F	V	F
F	F	V

7.3 FUNCIONES VERITATIVAS Y TABLAS DE VERDAD

En lógica de enunciados o lógica de conectores, como hemos visto en los subapartados anteriores, es posible determinar exactamente el valor de verdad de una fórmula molecular a partir del valor de verdad de sus componentes atómicos. Así, por ejemplo, vimos que los valores de verdad del negador "$\neg$" podían expresarse en una tabla como la siguiente:

p	$\neg p$
V	F
F	V

Aplicando el mismo procedimiento a un enunciado cualquiera para obtener sus valores de verdad y falsedad V/F —que también pueden representarse con los símbolos 1/0 respectivamente—, las fórmulas de lógica de conectores reciben en tal sentido el nombre de funciones de verdad o funciones veritativas, pues los valores que adoptan son valores de verdad.

Las funciones veritativas son susceptibles de representación mediante las llamadas tablas de verdad. La siguiente tabla de verdad exhibiría conjuntamente las condiciones de verdad de las funciones veritativas correspondientes a la conjunción, disyunción, implicación y coimplicación:

p	q	$p \wedge q$	$p \vee q$	$p \rightarrow q$	$p \leftrightarrow q$
V	V	V	V	V	V
V	F	F	V	F	F
F	V	F	V	V	F
F	F	F	F	V	V

En las tablas de verdad, las filas muestran el valor de verdad V/F de las variables o letras enunciativas; en este caso solo hay dos, p y q. En cuanto a las columnas, las dos iniciales muestran la distribución sistemática de todas las combinaciones de los valores de verdad de las variables enunciativas; las columnas intermedias desglosan la fórmula en sus componentes principales, estos en los suyos y así sucesivamente a fórmulas de grado uno, como cualquiera de las incluidas en la tabla anterior; y la columna final a la derecha queda encabezada por la fórmula total, la cual no existe en la tabla anterior. Así, por ejemplo, la siguiente tabla de verdad expresaría las funciones veritativas de la fórmula $(\neg p \rightarrow q) \wedge (\neg q \rightarrow p)$.

p	q	$\neg p$	$\neg p \rightarrow q$	$\neg q$	$\neg q \rightarrow p$	$(\neg p \rightarrow q) \wedge (\neg q \rightarrow p)$
V	V	F	V	F	V	V
V	F	F	V	V	V	V
F	V	V	V	F	V	V
F	F	V	F	V	F	F

Si la columna final de una tabla de verdad arroja invariablemente el valor de verdad V, la fórmula analizada recibe el nombre de tautología; si solo arroja valor de verdad F se denomina contradicción; y si en ella alternan indistintamente los valores de verdad V y F, hablamos entonces de contingencia.

Las tablas de verdad se elaboran aplicando el siguiente método.

1º El número de columnas se determina contando una columna por cada variable y otra por cada variable negada.

2º El número de filas se determina por una potencia cuya base es 2, correspondiente a los valores de verdad verdadero o falso, y cuyo exponente lo determina el número de variables sin incluir su negación.

3º La distribución de valores de verdadero o falso se aplica en las columnas del siguiente modo. Primera columna, mitad de valores verdaderos y mitad falsos; segunda columna, en la mitad de valores verdaderos de la columna anterior, mitad de valores verdaderos y mitad de valores falsos, y en la mitad de valores falsos de la columna anterior, de nuevo mitad de valores verdaderos y mitad de valores falsos. Y así sucesivamente hasta completar la última columna.

Veamos la mecánica de la elaboración de una tabla de verdad con el siguiente esquema.

ESQUEMA DE ELABORACIÓN DE TABLA DE VERDAD

$$p \vee q \vee r \rightarrow s \wedge \neg s$$

Número columnas:	1 por cada variable	p, q, r, s
	1 por cada variable negada	$\neg s$
Número filas:	potencia	base = 2
	exponente	número de variables sin incluir su negación: 4
		$2^4 = 2 \times 2 \times 2 \times 2 = 16$
Distribución V/F:	1ª columna	mitad V y mitad F
	2ª columna	en la mitad V columna 1ª, mitad V y mitad F
		en la mitad F columna 1ª, mitad V y mitad F
	nª columna	… y así sucesivamente. Última columna = V/F

p	q	r	s	$\neg s$
V	V	V	V	F
V	V	V	F	V
V	V	F	V	F
V	V	F	F	V
V	F	V	V	F
V	F	V	F	V
V	F	F	V	F
V	F	F	F	V
F	V	V	V	F
F	V	V	F	V
F	V	F	V	F
F	V	F	F	V
F	F	V	V	F
F	F	V	F	V
F	F	F	V	F
F	F	F	F	V

TEMA 7. LÓGICA DE ENUNCIADOS
EJERCICIOS

7.1) Composición de enunciados.
Formaliza los siguientes enunciados del lenguaje natural siguiendo el ejemplo.

1. Los españoles son europeos y los españoles no son europeos $\quad p \wedge \neg p$
    los españoles son europeos $= p$
    y $= \wedge$
    no $= \neg$

2. Si hoy es miércoles por la tarde, hay clase de Pensamiento Crítico

3. El sábado por la noche saldrás solo si apruebas el examen del viernes

4. Siéntate o te expulso

5. La puerta conduce a la calle, no al patio de la escalera

6. Si llueve, llévate el paraguas

7. No llegues tarde esta noche si mañana has de madrugar

8. En España la mayoría de edad solo se adquiere con 18 años

9. Te acompaño si me esperas o me llevas en tu coche

10. Si estudias y no te vas de fiesta, aprobarás la Lógica

11. Si comes fruta, verdura y pescado vivirás más años

12. El asesino puede regresar al lugar del crimen o no, pero cuando Sherlock Holmes le tienda la trampa y caiga en ella, habría preferido no cometerlo

13. Sólo me casaré si me llevas a París o a Roma y no me eres infiel

14. Si tienes perros o gatos no puedes vivir en este piso ni en aquel

15. Árboles y plantas solo dan fruto si los riegas y abonas

7.2) Funciones veritativas.
a) Elabora las tablas de verdad de las fórmulas del ejercicio anterior.
b) En cada caso, señala si la fórmula es una tautología, contradicción o contingencia.

83

TEMA 8. LÓGICA DE PREDICADOS

8.1 PREDICACIÓN

La predicación es una operación clave del lenguaje, tanto natural como formal, por cuya virtud atribuimos con verdad o falsedad propiedades y relaciones a personas y entidades. El lenguaje natural ofrece la posibilidad de designar nombres propios, como Picasso o Everest, y nombres comunes, como pintor o montaña. Tanto el lenguaje natural como el formal permiten ambos la predicación entre nombres propios y comunes.

Pero en el lenguaje formal empleado por la Lógica, los nombres comunes incluyen no solo sustantivos como "gato" o "avión", sino también adjetivos como "azul" o "delgado" y verbos como "cantar" o "comer". Así, en terminología lógica los nombres propios se denominan sujetos y los nombres comunes —incluyendo las categorías gramaticales de adjetivos y verbos propias del lenguaje natural— predicados o predicadores. Por tanto, en Lógica la predicación consistiría en atribuir, con verdad o falsedad, propiedades y relaciones a personas y entidades, vinculando los nombres propios de dichas personas y entidades (sujetos) con nombres comunes significativos de tales propiedades y relaciones (predicados).

La predicación puede conducir a dos tipos de predicados:

a) Absolutos o monádicos, cuando la cualidad atribuida por el predicado al sujeto afecta tan solo a una entidad, como en los casos de "gato", "azul" o "cantar".

b) Relativos o poliádicos, cuando la cualidad atribuida por el predicado al sujeto consiste en una relación dada entre dos o más entidades, como en los casos de "preceder a", "mediar entre" o "parecerse a". Los predicados poliádicos a su vez pueden subdividirse en diádicos, triádicos, tetrádicos y así sucesivamente hasta *n*-ádicos.

Cuando mediante predicación atribuimos propiedades a entidades uniendo nombres propios con nombres comunes y formamos enunciados de estructura simple, en lógica formal la expresión resultante se denomina enunciado atómico o proposición atómica, aunque también reciben el nombre de predicación o proposición simple o primitiva. Son ejemplos de enunciados atómicos:

Picasso es pintor   El Everest es una montaña

Para formalizar los enunciados atómicos suelen emplearse dos tipos de símbolos denotativos respectivamente del sujeto y del predicado, de nombres propios y nombres comunes; en otras palabras, de entidades individuales y de propiedades:

1.º Constantes subjetivas o individuales: denotan los sujetos, nombres propios o entidades individuales, y por convención corresponden a las primeras letras minúsculas del alfabeto; *a*, *b*, *c*, etc.

2.º Letras predicativas: denotan los predicados, nombres comunes y propiedades o relaciones, y por convención corresponden a las letras mayúsculas P, Q, R, etc.

A partir de ambos tipos de símbolos, la estructura del enunciado atómico se construye mediante su yuxtaposición, y por convención se estipula escribir delante las letras predicativas, lógicamente principales, y detrás las constantes subjetivas. Aplicando ambos criterios a los anteriores ejemplos de enunciados atómicos, podríamos emplear los siguientes símbolos denotativos:

a	como constante subjetiva denotativa del objeto individual	Picasso
P	como letra predicativa para denotar la propiedad	ser pintor
b	como constante subjetiva denotativa del objeto individual	Everest
Q	como letra predicativa para denotar la propiedad	ser montaña

Y a partir de los mismos, formalizar ambos enunciados atómicos concatenando en el orden antes indicado los símbolos denotativos de sus respectivos elementos:

Picasso es pintor	Pa	Se lee "P de a"
El Everest es una montaña	Qb	Se lee "Q de b"

Cuando se trata de enunciados atómicos cuyo predicado es poliádico, la formalización se efectúa colocando, después de la letra predicativa correspondiente, las constantes subjetivas o individuales procedentes en el mismo orden que aparezcan sus respectivos correlatos en el lenguaje natural. Veamos dos ejemplos.

Ejemplo 1. El enunciado atómico poliádico "El 1 precede al 2", siendo R "preceder a" y c y d respectivamente los números 1 y 2, se formalizaría así:

El 1 precede al 2	Rcd	Se lee "R de cd"

Ejemplo 2. El enunciado atómico poliádico "Cuenca está entre Valencia y Madrid", siendo S "estar entre" y e, f y g respectivamente Cuenca, Valencia y Madrid, se formalizaría así:

Cuenca está entre Valencia y Madrid	$Sefg$	Se lee "S de efg"

8.2 CUANTIFICACIÓN DE ENUNCIADOS

Además de los enunciados compuestos basados en la combinación de enunciados simples mediante conectores, expuestos en el tema anterior, existe otro tipo de enunciados compuestos basados en el empleo de los adjetivos indefinidos "todo" y "algún". Los que emplean "todo", como "Todo ser humano es mortal", se denominan generales o universales, y los que emplean "algún", como "Algún español es valenciano", se denominan particulares o existenciales.

La Lógica destinada a formalizar estas proposiciones y a estudiar sus relaciones deductivas se denomina lógica de predicados o lógica de términos. Su desarrollo inicial se halla en la silogística de Aristóteles y su formalización completa se debe a Frege. Los símbolos formale "todo" y "algún" se denominan cuantificadores o cuantores, y por ello a la lógica de predicados se la denomina también lógica cuantificacional.

La lógica de predicados se basa en el uso de la llamada función proposicional o forma enunciativa, la cual no es propiamente un enunciado sino una forma o matriz de enunciado, es decir, una expresión que contiene variables individuales y que puede convertirse en proposición si sus variables individuales son sustituidas por valores de sus correspondientes dominios. Tomemos, por ejemplo, la siguiente serie de enunciados atómicos:

Messi es futbolista
Cristiano es futbolista
Pelé es futbolista,

El predicado "es futbolista" permanece invariante a todos, mientras el sujeto de cada una —Messi, Cristiano, Pelé— es un elemento variable. Podemos formalizar el elemento cambiante con el símbolo variable "x", llamado variable individual o subjetiva, en cuyo caso el esquema formal para los tres enunciados sería "x es futbolista"

Representando, además, según vimos en el apartado 2.2 Predicación, el predicado "es futbolista" con la letra P y los tres sujetos mencionados mediante las constantes individuales a, b y c, los enunciados atómicos expuestos se simbolizarían con Pa, Pb y Pc, y la parte común a ellos con Px. Donde la variable individual no designa a un individuo concreto, sino a cualquiera de los individuos integrantes del universo, clase, conjunto o dominio "futbolista" que hemos descrito; y cada uno de los tres individuos que hemos integrado en el mismo se denomina valor de variable.

La variable individual desempeña en el lenguaje simbólico un papel similar a las incógnitas de las ecuaciones matemáticas en Aritmética o al del pronombre del lenguaje natural. En el enunciado "Él es futbolista", el pronombre "él" actúa como una especie de variable que puede tomar los diversos valores Messi, Cristiano o Pelé según el contexto.

Recapitulando, las funciones proposicionales o formas enunciativas, como "x es futbolista", basadas en el uso de variables individuales o subjetivas, como x, y, z, constituyen el paso previo para la cuantificación en lógica de predicados mediante el uso del generalizador y del particularizador.

8.3 CUANTIFICADORES

8.3.1 Generalizador

El símbolo "Λx" recibe el nombre de generalizador o cuantificador universal, el cual también puede simbolizarse utilizando "$\forall x$" y "Πx". Al enunciado con un generalizador antepuesto se le denomina generalización o cuantificación universal. Dicho símbolo "Λx" se lee "para todo x" e indica, con verdad o falsedad, que el enunciado siguiente es válido para todos los valores de la variable "x". Si tomamos, por ejemplo, la función proposicional o forma enunciativa siguiente: "x es autor del Evangelio".

Al no tratarse propiamente de un enunciado, sino de una función proposicional, actúa como expresión "abierta", pues la variable individual x que contiene puede ser sustituida por el nombre de cualquiera de los cuatro evangelistas; los santos Mateo, Marcos, Lucas y Juan, que al ser nombres propios actuarían como constantes individuales y serían simbolizados con las letras a, b, c y d. Así, sustituyendo la variable individual "x" por uno de ellos obtendríamos, por ejemplo, el enunciado siguiente: "San Mateo es autor del Evangelio", o bien "a es autor del Evangelio".

Desarrollando el ejemplo, cualquier otro evangelista podría ocupar el lugar de la variante individual "x" con el mismo resultado. En el lenguaje natural, esta sustituibilidad total puede expresarse con la proposición siguiente: "Todos son autores del Evangelio", donde sobreentendemos que "todos" alude a los evangelistas. Si empleando la variable "x" subrayamos la alusión a los individuos sobreentendidos, podríamos escribir: "para todo x (x es autor del Evangelio)".

La formalización se completa representando el predicado "ser autor del Evangelio" con la letra predicativa "P" y el adjetivo indefinido "todos" con el generalizador "Λ", es decir, $\Lambda x(Px)$, y prescindiendo de los paréntesis obtendríamos: ΛxPx, el cual se lee: "para todo x, P de x".

8.3.2 Particularizador

El símbolo "Vx" recibe el nombre de particularizador o cuantificador existencial, el cual también puede simbolizarse utilizando "$\exists x$" y "Σx". Al enunciado con un particularizador antepuesto se le denomina particularización o cuantificación existencial. Dicho símbolo "Vx" se lee "existe o hay un x tal que" e indica, con verdad o falsedad, que al sustituir "x" en "Px" por algún valor de "x" —esto es, a, b, c, etc.—, resulta una proposición que es válida al menos para un caso. La particularización se expresa con el símbolo siguiente: $VxPx$

Y se lee "para algún x, P de x", o también "existe (o hay) un x tal que P de x", o también "existe (o hay) al menos un x tal que P de x".

TEMA 8. LÓGICA DE PREDICADOS
EJERCICIOS

8.1) Predicación.
Formaliza los siguientes enunciados del lenguaje natural siguiendo el ejemplo.

1. El F. C. Barcelona es un equipo de fútbol
   ser equipo de fútbol = P
   F. C. Barcelona = a

2. El F. C. Barcelona y el Real Madrid son equipos de fútbol

3. Tavernes de Valldigna y Alacuás son pueblos valencianos

4. España, Francia y Alemania son países europeos

5. España está entre Francia y Marruecos

6. Anabel, Mirella, Juan y Pedro son hermanos

7. Cuenca es capital de provincia

8. Arturo está sentado entre Inés y Jaime

9. Turia, Ebro, Guadiana, Guadalquivir y Miño son ríos españoles

10. Ringo Starr y George Harrison eran miembros de *The Beatles*

8.2) Cuantificación de enunciados.
Formaliza estos enunciados del lenguaje natural siguiendo el ejemplo.

1. Todo cambia
   cambiar = C

   ± No existe un ente que no cambie
   cambiar = C

2. Nada cambia

3. Los humanos piensan

4. Solo los humanos piensan

5. Algunos olivos son centenarios

6. No existen las sirenas

7. Cualquier griego es europeo

8. Es falso que todo niño sea rubio

9. No existe un santo no generoso

10. Los cines y los teatros son educativos

11. Gatos, perros, lobos: son carnívoros

12. Hay filósofos matemáticos

13. Algunos filósofos son matemáticos

14. Todos son filósofos y matemáticos

15. Todos son filósofos y todos son matemáticos

16. Todos los futbolistas son deportistas

17. Algunos deportistas no son futbolistas

18. Los hombres mediterráneos son árabes, cristianos o judíos

19. Los tallos herbáceos son verdes, suaves y flexibles

20. Toda persona es hija y nieta de alguien

21. Rosa tiene padre y madre

22. Si todo valenciano es español
    y todo español es europeo,
    entonces todo valenciano es europeo

23. Si todos los murcianos y catalanes no son franceses
    y algún francés es europeo,
    entonces algunos europeos no son murcianos ni catalanes

24. Si todos los cérvidos son rumiantes
    y algunos mamíferos ungulados son cérvidos,
    entonces algunos mamíferos ungulados son rumiantes

25. Si los cines y los teatros son educativos
    y todas las cosas educativas son progresivas
    y todo lo que es progresivo es necesario,
    entonces algunos teatros son necesarios.

TEMA 9. DEDUCCIÓN NATURAL

9.1 DEDUCCIÓN NATURAL Y CÁLCULO DE ENUNCIADOS

Deducir consiste básicamente en obtener una conclusión a partir de premisas dadas. En Lógica, además de un tipo de inferencia demostrativa, la deducción entendida como cálculo deductivo es una técnica o método mediante el cual se construye una demostración formal del enunciado que constituye la conclusión a partir del enunciado o los enunciados que constituyen las premisas.

Los métodos deductivos pueden ser axiomáticos o naturales. En los axiomáticos, dados ciertos símbolos primitivos y reglas de formación de fórmulas, a partir de axiomas o fórmulas consideradas leyes iniciales del sistema deductivo y empleando reglas de transformación, se obtienen leyes subsiguientes denominadas teoremas. En cambio, los métodos de deducción natural prescinden de los axiomas y únicamente emplean símbolos primitivos, reglas de formación de fórmulas y reglas de inferencia introducidas según el empleo ordinario o natural de las conectivas lógicas. El razonamiento formal característico de la deducción natural empleado en el cálculo de enunciados es más similar al empleado cotidianamente que el propio de la deducción axiomática.

En este manual se expondrá el cálculo de deducción natural desde una perspectiva sintáctica, es decir, según la metodología del sistema deductivo natural introducido en 1934 por Gerhard Gentzen (1909-1945) para la lógica clásica y la lógica intuicionista.

En el cálculo deductivo natural, la derivación formal opera en una sucesión de enunciados de modo que, a partir de una premisa o de las consecuencias lógicas extraídas de una premisa mediante ciertas reglas de inferencia, se obtiene un enunciado final que constituye la conclusión. Los enunciados se colocan en una secuencia finita de líneas sistematizada con numerales cardinales en orden creciente a partir del 1.

En consecuencia, la derivación formal propia de la deducción natural se configura con los siguientes elementos:

1. Premisas o supuestos, de dos tipos:
   a) Iniciales: enunciados dados *ab initio* en la derivación.
                     Su símbolo es el guion largo (—).
   b) Subsidiarios: enunciados introducidos a conveniencia y provisionalmente en la derivación que han de ser obligatoriamente cancelados o descargados para obtener el enunciado conveniente antes de deducir la conclusión final.
                     Su símbolo es un corchete colocado a la izquierda de la derivación ([ ), iniciado en la línea de inferencia donde se introduce el supuesto subsidiario y finalizado en aquella donde se cancela. Los corchetes nunca pueden interferirse entre sí cuando se introducen dos o más supuestos subsidiarios:

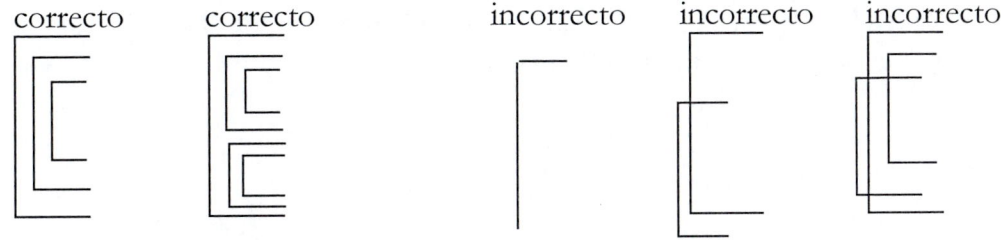

2. Líneas de inferencia: cada una de las líneas de derivación inferidas de otra u otras anteriores, deben ir precedidas de su correspondiente numeral cardinal a la izquierda.

3. Reglas de inferencia: esquemas metalingüísticos que permiten obtener o derivar un enunciado a partir de otro u otros previos.

4. Conclusión: enunciado final que pretende demostrarse mediante la derivación previa.

La metodología de la deducción natural requiere proceder así:

1º Establecer las premisas o supuestos iniciales, si los hay, indicándolas mediante un guion largo a la izquierda del numeral cardinal correspondiente. Su orden de colocación es indiferente.

2º Establecer la conclusión que pretende demostrarse a la derecha de la línea de inferencia correspondiente a la última premisa o supuesto inicial. La conclusión se designa mediante el deductor ($\vdash$). Ejemplo de los pasos 1º y 2º:

$$
\begin{array}{lll}
\text{—} & 1 & p \wedge \neg q \rightarrow r \\
\text{—} & 2 & r \rightarrow q \\
\text{—} & 3 & r \wedge p \qquad\qquad \vdash p \rightarrow r
\end{array}
$$

3º Deducir, si es posible, nuevas líneas de inferencia orientadas a obtener la conclusión aplicando las reglas de inferencia a las premisas o supuestos iniciales. Las reglas de inferencia empleadas se indican a la derecha de cada línea mediante la abreviatura de la regla en cuestión, subseguida del número cardinal correspondiente a la línea o líneas de inferencia precedentes en las cuales se apoya la aplicación de la regla, con lo cual se fundamenta cómo se obtiene el enunciado de cada línea. Si dicho apoyo requiere más de una línea de inferencia, los numerales cardinales correspondientes a cada una deben separarse por coma (,). En el ejemplo anterior, indicando a la derecha la lectura de la fundamentación entre paréntesis, procederíamos así:

$$
\begin{array}{lll}
\text{—} & 1 & p \wedge q \rightarrow r \wedge t \\
\text{—} & 2 & r \rightarrow q \\
\text{—} & 3 & r \wedge p \qquad\qquad \vdash p \rightarrow t
\end{array}
$$

4	r	**EC₁** 3	(Por eliminación de la conjunción sub 1 en la línea 3)
5	q	**EI** 2,4	(Por eliminación de la implicación en la línea 2 con apoyo en 4)

4º Introducir discrecionalmente los supuestos subsidiarios convenientes, si una vez aplicadas las reglas de inferencia no se obtiene la conclusión pretendida, como en el ejemplo, o bien si no pudiera aplicarse ninguna regla de inferencia a partir de las premisas iniciales. Todo supuesto subsidiario introducido debe ser cancelado siempre, en caso contrario cualquier conclusión resultaría inválida. La apertura de supuesto subsidiario no se fundamenta a la derecha por ser una hipótesis elegida a conveniencia, pero su cancelación sí. Una vez introducidos los supuestos subsidiarios, se continúa aplicando las reglas de inferencia hasta obtener la conclusión pretendida. En el ejemplo anterior, tendríamos:

— 1 $p \land q \rightarrow r \land t$
— 2 $r \rightarrow q$
— 3 $r \land p$ $\vdash p \rightarrow t$

4   r $EC_1\ 3$
5   q $EI\ 2,4$
┌ 5 $p \land q$
│ 6 $r \land t$ $EI_1\ 3$
└ 7 r $EC_1\ 6$
8    $p \land q \rightarrow r$ $II\ 5\text{-}7$
┌ 9 p
└ 10 t $EC_2\ 6$
11   $p \rightarrow t$ $II\ 9\text{-}10$

Esa sería la presentación final correcta de la demostración de la fórmula $p \rightarrow t$ mediante deducción natural a partir de las premisas o supuestos principales 1, 2 y 3. Al fundamentar la línea de inferencia siguiente a la cancelación de los supuestos subsidiarios se indican solo los números cardinales correspondientes a las líneas de inferencia de apertura y cancelación de los supuestos —no las intermedias si las hubiere—, escribiendo un guion corto (-) entre ambos números como en el ejemplo.

La siguiente tabla explicita el contenido de los elementos, operaciones lógicas y locuciones que integran la demostración anterior.

DEDUCCIÓN	FUNDAMENTACIÓN	LECTURA de la FUNDAMENTACIÓN
— 1 $p \land q \rightarrow r \land t$	Premisa o supuesto principal 1	
— 2 $r \rightarrow q$	Premisa o supuesto principal 2	
— 3 $r \land p$	Premisa o supuesto principal 3	$\vdash p \rightarrow t$
4 r	$EC_1\ 3$	Por eliminación de la conjunción sub 1 en la línea 3
5 q	$EI\ 2,4$	Por eliminación de la implicación en la línea 2 con apoyo en 4
┌ 6 $p \land q$	Supuesto subsidiario 1	La apertura de supuesto no se fundamenta
│ 7 $r \land t$	$EI\ 1,6$	Por eliminación de la implicación en la línea 1 con apoyo en 6
└ 8 r	$EC_1\ 7$	Por eliminación de la conjunción sub 1 en la línea 7
9 $p \land q \rightarrow r$	$II\ 6\text{-}8$	Por introducción de la implicación de la línea 6 a la 8
┌ 10 p	Supuesto subsidiario 2	La apertura de supuesto no se fundamenta
└ 11 t	$EC_2\ 7$	Por eliminación de la conjunción sub 2 en la línea 7
12 $p \rightarrow t$	$II\ 10\text{-}11$	Por introducción de la implicación de la línea 10 a la 11

La columna de la izquierda corresponde a las operaciones deductivas realizadas, primero a partir de las premisas y después a partir de las fórmulas deducidas de las premisas o de los supuestos subsidiarios convenientes introducidos discrecionalmente. Cada línea de inferencia debe ir precedida de su correspondiente numeral cardinal y este a su vez de un guion largo si la línea contiene una premisa o supuesto inicial. La columna central justifica la fundamentación, es decir, debe indicar la abreviatura de la regla básica o derivada aplicada en cada línea de inferencia e inmediatamente después citar el numeral cardinal de la línea o líneas precedentes donde se aplicó. La columna de la derecha no debe aparecer en las demostraciones, se indica en este manual a efectos estrictamente pedagógicos para que el lector asimile con mayor facilidad el contenido y propósito de las abreviaturas.

9.2 REGLAS BÁSICAS

Las reglas denominadas básicas son las ocho seleccionadas por Gentzen: dos para cada uno de los cuatro conectores ($\neg$, $\wedge$, $\vee$, $\rightarrow$), es decir, una de introducción y otra de eliminación, si bien puede añadirse a las mismas otras dos para el coimplicador. Así,

a) Las reglas de introducción permiten incluir en la conclusión un conector que no aparece en las premisas:

$$\frac{\begin{array}{c} A \\ B \end{array}}{A \wedge B} \quad \textbf{IC}$$

b) Las reglas de eliminación suprimen en la conclusión un conector que aparece en las premisas:

$$\frac{A \wedge B}{A} \quad \textbf{EC}_1$$

9.2.1 Reglas básicas de negación

a) Introducción: toda proposición que lleve a una contradicción debe ser rechazada o negada.

$$\frac{\left[\begin{array}{c} A \\ \vdots \\ B \wedge \neg B \end{array}\right.}{\neg A} \quad \textbf{IN}$$

Una proposición conducente a una contradicción podrá ser supuesta provisionalmente, pero nunca aceptada, por lo cual, cuando en el contexto deductivo aparezca la contradicción, dicha proposición debe ser negada y el supuesto abierto debe ser cerrado o descargado. La regla de introducción del negador (**IN**) también se le denomina reducción al absurdo (**Abs**) y su empleo como estrategia deductiva conlleva estos pasos:

1.º Suponer la negación de la conclusión deseada: ej., si deseo obtener A, supongo $\neg$A.
2.º A partir del supuesto, deducir una contradicción, ej., B $\wedge$ $\neg$B.
3.º Negar el supuesto que ha originado la contradicción.
4.º Establecer la conclusión deseada, en el ejemplo A.

b) Eliminación: negar dos veces una fórmula equivale a afirmarla, una proposición equivale a la falsedad de su negación.

$$\frac{\neg\neg A}{A} \quad \textbf{EN} \text{ o } \textbf{DN}$$

Su uso permite transcurrir, mediante una sola premisa, de la doble negación de una fórmula a su afirmación, por lo cual se le denomina también doble negación (**DN**). El paso deductivo contrario —de la afirmación de una fórmula a su doble negación—, puede establecerse en forma de regla derivada, según veremos en el apartado siguiente.

9.2.2 Reglas básicas de conjunción

a) Introducción: si se afirma primero una fórmula y después otra, se puede afirmar también la conjunción de ambas.

$$\frac{\begin{array}{c} A \\ B \end{array}}{A \wedge B} \qquad \textbf{IC}$$

La regla de introducción del conjuntor (**IC**) se denomina también ley del producto (**Prod**).

b) Eliminación: si se afirma la conjunción de dos fórmulas, puede afirmarse cualquiera de ambas independientemente.

$$\frac{A \wedge B}{A} \qquad \textbf{EC}_1 \qquad\qquad \frac{A \wedge B}{B} \qquad \textbf{EC}_2$$

La regla de eliminación del conjuntor (**EC**) se denomina también regla de simplificación (**Simp**$_1$ y **Simp**$_2$).

9.2.3 Reglas básicas de disyunción

a) Introducción: dada una fórmula, puede transcurrirse a otra añadiendo mediante disyuntor un miembro cualquiera.

$$\frac{A}{A \vee B} \qquad \textbf{ID}_1 \qquad\qquad \frac{B}{A \vee B} \qquad \textbf{ID}_2$$

Es decir, si una fórmula es verdadera, puede añadírsele mediante disyuntor cualquier otra, pues la disyunción resultante también será una fórmula verdadera. La regla de introducción del disyuntor (**ID**) se denomina también regla de adición (**Ad**$_1$ y **Ad**$_2$).

b) Eliminación: dada una disyunción, si se supone el primer miembro y se obtiene una fórmula, y después se supone el segundo miembro y también se llega a la misma fórmula, entonces puede afirmarse dicha fórmula.

$$\frac{\begin{array}{c} A \vee B \\ \left[\begin{array}{c} A \\ \vdots \\ C \end{array}\right. \\ \left[\begin{array}{c} B \\ \vdots \\ C \end{array}\right. \end{array}}{C} \qquad \textbf{ED}$$

La regla de eliminación de la disyunción (**ED**) se basa en el método informal de prueba por casos —si a partir del supuesto o caso A obtengo C y a partir del caso B también obtengo C, en cualquier caso de la disyunción puedo afirmar C— y por ello se abrevia también mediante **Cas** (casos).

9.2.4 Reglas básicas de implicación

a) Introducción: si de una hipótesis se deduce una fórmula, el resultado de la conexión de ambas puede afirmarse como una nueva fórmula.

$$\begin{array}{c} \left\lceil \begin{array}{c} A \\ \vdots \\ B \end{array} \right. \\ \hline A \to B \end{array} \qquad \mathbf{II}$$

La regla de introducción del implicador (**II**) se denomina también teorema de deducción (**TD**). Constituye un caso de suposición subsidiaria ——la hipótesis de la que se parte y que finalmente es descargada o cancelada—, cuando pasa a convertirse en el antecedente de una implicación.

b) Eliminación: dada una implicación, si después se afirma la fórmula que constituye su antecedente, entonces puede concluirse afirmando la fórmula que constituye su consecuente de modo independiente y por separado.

$$\begin{array}{c} A \to B \\ A \\ \hline B \end{array} \qquad \mathbf{EI}$$

La regla de eliminación del implicador (**EI**) se denomina también regla de separación, por cuanto permite afirmar en la conclusión el consecuente por separado, sin venir condicionado ya por el antecedente. Esta regla, conocida ya por la escuela estoica, fue denominada en la Edad Media *modus ponendo ponens* —el modo que, afirmando, afirma—, más conocido simplemente como *modus ponens* (**MP**).

9.2.5 Reglas básicas de coimplicación

a) Introducción: si un antecedente implica un consecuente y viceversa, entonces puede afirmarse que equivalen, se implican mutuamente o se coimplican.

$$\begin{array}{c} A \to B \\ B \to A \\ \hline A \leftrightarrow B \end{array} \qquad \mathbf{ICO}$$

b) Eliminación: si dos fórmulas se implican mutuamente —equivalen o se coimplican—, puede afirmarse también que se implican por separado o independientemente.

$$\begin{array}{c} A \leftrightarrow B \\ \hline A \to B \end{array} \qquad \mathbf{ECO_1} \qquad\qquad \begin{array}{c} A \leftrightarrow B \\ \hline B \to A \end{array} \qquad \mathbf{ECO_2}$$

9.3 ESTRATEGIAS DE DEDUCCIÓN NATURAL

La deducción formal o derivación no es un procedimiento completamente automático o mecánico, sino que, siempre respetando estrictamente la aplicación correcta de las reglas de formación y transformación de fórmulas, requiere la toma de decisiones por parte del agente de la deducción natural. Al efecto, para orientar con mayor facilidad las operaciones lógicas necesarias a la hora de realizar la deducción, existen determinados criterios guía a los cuales denominaremos estrategias deductivas. Antes de presentarlas, no obstante, se indicarán tres ideas generales a tener en cuenta también.

Primera, la atención a la conclusión y a las premisas o supuestos iniciales, tratando de deducir la conclusión a partir de las premisas mediante la aplicación de reglas de formación y transformación de fórmulas e introduciendo supuestos subsidiarios en su caso. Segunda, la simplificación o tendencia a desarticular las fórmulas contenidas en las premisas hasta reducirlas a fórmulas atómicas, pues ello habitualmente contribuye a clarificar qué operaciones lógicas apropiadas conducen a demostrar la conclusión. Tercera, debida en última instancia a Guillermo de Ockham (circa 1285 - circa 1347), la economía, por aplicación en Lógica de la ley de parsimonia o navaja —*Entia non sunt multiplicanda praeter necessitatem*—, por cuya virtud, si un argumento puede resolverse mediante varios modos de derivación diferentes, aunque todos ellos sean correctos es preferible elegir el que conlleve menor número de líneas de inferencia para demostrar la conclusión.

97

Las estrategias deductivas recomendadas serían las siguientes.

1ª Aplicar las reglas sin introducir supuestos subsidiarios.

Al afrontar una demostración mediante deducción natural, el planteamiento inicial debe ser deducir la conclusión de las premisas mediante la aplicación directa de las reglas sin introducir supuestos subsidiarios (ejemplo 1), salvo si en las premisas o en alguna línea de inferencia aparece una disyunción (ejemplo 2) y el contexto deductivo aconseja emplear su regla de eliminación, pues esta conlleva en sí misma dos supuestos subsidiarios.

	Ejemplo 1			Ejemplo 2	
— 1	$p \rightarrow (q \rightarrow r)$		— 1	$q \vee r$	
— 2	$p \wedge q$	$\vdash r$	— 2	$q \rightarrow s$	
			— 3	$r \rightarrow s$	$\vdash p \rightarrow s$
3	p	$EC_1\ 2$			
4	$q \rightarrow r$	$EI\ 1,3$	4	p	
5	q	$EC_2\ 2$	5	q	
6	r	$EI\ 4,5$	6	s	$EI\ 2,5$
			7	r	
			8	s	$EI\ 3,7$
			9	s	$ED\ 1,5\text{-}6,7\text{-}8$
			10	$p \rightarrow s$	$II\ 4\text{-}9$

2ª Aplicar la regla de introducción de la implicación.

Si el implicador es la conectiva principal de la conclusión, a menudo lo más conveniente para facilitar su demostración es aplicar la regla de introducción de la implicación, también llamada teorema de deducción y método de prueba condicional. Consiste, como se indicó en el apartado anterior, en introducir como supuesto subsidiario el antecedente de la implicación de la conclusión en una línea de inferencia y cancelarlo en otra línea subsiguiente cuando se haya obtenido el consecuente de dicha implicación. Después se escribe la conclusión demostrada en la línea de inferencia siguiente a la de cancelación, con fundamento en la introducción de la implicación habida entre las líneas de inferencia de apertura y cancelación, cuyos numerales cardinales vienen separados por guion corto.

$$
\begin{array}{lll}
—\ 1 & q \wedge r & \vdash p \vee q \rightarrow r \wedge q \\
\\
\ulcorner\ 2 & p \vee q & \\
\ \ \ 3 & q & \mathbf{EC_1}\ 1 \\
\ \ \ 4 & r & \mathbf{EC_2}\ 1 \\
\llcorner\ 5 & r \wedge q & \mathbf{IC}\ 4,3 \\
\ \ \ 6 & p \vee q \rightarrow r \wedge q & \mathbf{II}\ 2\text{-}5
\end{array}
$$

3ª Aplicar la regla de reducción al absurdo.

La reducción al absurdo o prueba indirecta debe emplearse ante la ausencia de argumentos que permitan demostrar la conclusión empleando las dos estrategias anteriores. Consiste en introducir como supuesto subsidiario la negación de la conclusión o fórmula que se pretenda demostrar, y a partir del mismo operar mediante las reglas para deducir una contradicción en otra línea, en la cual se cancela el supuesto subsidiario abierto. En la línea de inferencia siguiente se niega la fórmula supuesta subsidiariamente y conducente a la contradicción.

$$
\begin{array}{lll}
—\ 1 & \neg q \wedge p & \\
—\ 2 & p \rightarrow \neg q & \vdash \neg(p \wedge q) \\
\\
\ulcorner\ 3 & p \wedge q & \\
\ \ \ 4 & p & \mathbf{EC_1}\ 3 \\
\ \ \ 5 & q & \mathbf{EC_2}\ 3 \\
\ \ \ 6 & \neg q & \mathbf{EI}\ 2,4 \\
\llcorner\ 7 & q \wedge \neg q & \mathbf{IC}\ 5,6 \\
\ \ \ 8 & \neg(p \wedge q) & \mathbf{IN}\ 3\text{-}7
\end{array}
$$

4ª Aplicar supuestos subsidiarios ante la ausencia de supuestos principales o premisas.

Cuando la derivación consiste en demostrar una conclusión sin atender a premisas o supuestos principales, ha de comenzar introduciendo los supuestos subsidiarios oportunos para poder deducir la conclusión. Así, nos remitimos a lo recién expuesto con la estrategia deductiva segunda basada en la regla de introducción de la implicación. En la primera línea de inferencia se abre el supuesto subsidiario, consistente en la fórmula que constituye el antecedente de la implicación principal de la conclusión; y, una vez aplicadas las reglas oportunas tendentes a demostrar su consecuente, el supuesto subsidiario se cancela en una línea de inferencia cuya fórmula consistiría en el consecuente de la conclusión. La línea siguiente incluye la conclusión ya demostrada.

⊢ p ∧ q → [(p → q) ∧ p]

1	p ∧ q	
2	p	
3	q	**EC₂** 1
4	p → q	**II** 2-3
5	(p → q) ∧ p	**IC** 4,2
6	p ∧ q → [(p → q) ∧ p]	**II** 1-5

5ª Aplicar una combinación de las estrategias anteriores.

Emplear cualquiera de las estrategias deductivas anteriores no excluye a las demás, por lo cual una misma derivación puede recurrir a cualquier combinación de las mismas. El ejemplo siguiente emplea una combinación de las estrategias 2ª, basada en la regla de introducción de la implicación o teorema de deducción (líneas 4-31 y 5-30), y 3ª, basada en la regla de introducción de la negación o reducción al absurdo (líneas 6-8 y 21-23).

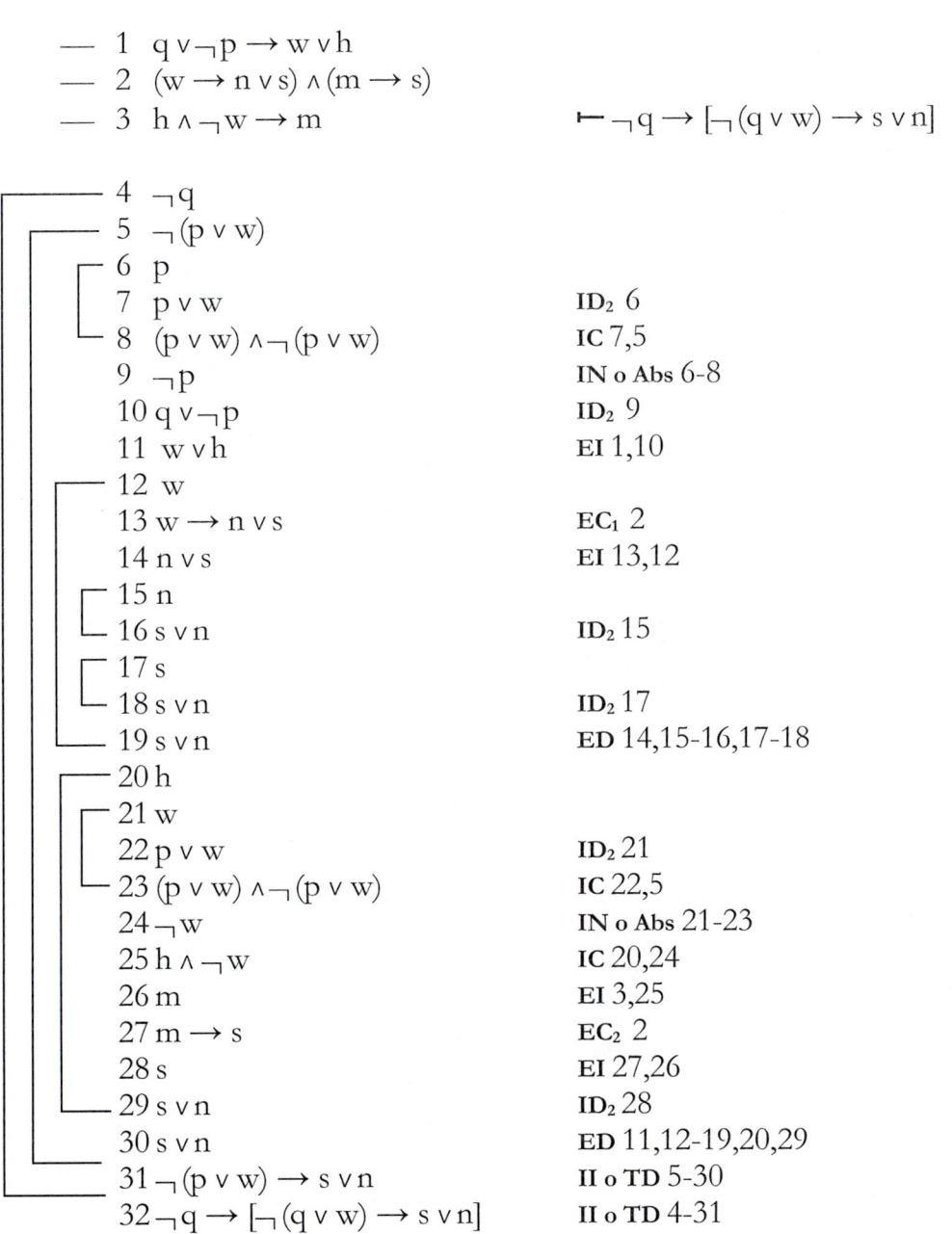

— 1	q ∨ ¬p → w ∨ h	
— 2	(w → n ∨ s) ∧ (m → s)	
— 3	h ∧ ¬w → m	⊢ ¬q → [¬(q ∨ w) → s ∨ n]
4	¬q	
5	¬(p ∨ w)	
6	p	
7	p ∨ w	**ID₂** 6
8	(p ∨ w) ∧ ¬(p ∨ w)	**IC** 7,5
9	¬p	**IN o Abs** 6-8
10	q ∨ ¬p	**ID₂** 9
11	w ∨ h	**EI** 1,10
12	w	
13	w → n ∨ s	**EC₁** 2
14	n ∨ s	**EI** 13,12
15	n	
16	s ∨ n	**ID₂** 15
17	s	
18	s ∨ n	**ID₂** 17
19	s ∨ n	**ED** 14,15-16,17-18
20	h	
21	w	
22	p ∨ w	**ID₂** 21
23	(p ∨ w) ∧ ¬(p ∨ w)	**IC** 22,5
24	¬w	**IN o Abs** 21-23
25	h ∧ ¬w	**IC** 20,24
26	m	**EI** 3,25
27	m → s	**EC₂** 2
28	s	**EI** 27,26
29	s ∨ n	**ID₂** 28
30	s ∨ n	**ED** 11,12-19,20,29
31	¬(p ∨ w) → s ∨ n	**II o TD** 5-30
32	¬q → [¬(q ∨ w) → s ∨ n]	**II o TD** 4-31

9.4 REGLAS DERIVADAS

Las ocho reglas básicas expuestas en el apartado anterior permiten por sí mismas resolver todo problema de deducción formal dado en lógica de conectores. No obstante, empleando únicamente las mismas, la resolución de argumentos requiere muchos pasos, por lo cual la lógica moderna recurre a combinaciones rutinarias de aplicaciones de reglas básicas, construyendo de ese modo nuevas reglas llamadas derivadas. Así, la finalidad de las reglas derivadas consiste en simplificar el cálculo deductivo a partir de combinaciones sistematizadas de reglas básicas. Por ejemplo, supongamos que conviene a una estrategia deductiva alterar el orden de los componentes de una conjunción $A \land B$. Aplicando exclusivamente reglas básicas, la deducción requeriría al menos tres pasos:

— 1 $A \land B$
   2 B **EC$_2$**
   3 A **EC$_1$**
   4 $B \land A$ **IC** 2,3

Ahora bien, dado que dicho proceso es sistemáticamente verdadero para cualquier conjunción, el proceso puede simplificarse afirmando inmediatamente la conclusión (4) a partir de la premisa (1), es decir, omitiendo los pasos 2 y 3:

$$\frac{A \land B}{B \land A}$$

En el presente apartado se expondrán las reglas derivadas principales para el cálculo de conectores. Cada una de ellas puede considerarse como una ley lógica expresada mediante una figura deductiva. En su mayoría, las reglas derivadas se incorporaron a la Historia de la Lógica con los presocráticos y en particular con la lógica clásica aristotélica, pero solo fueron completamente sistematizadas y sometidas a un análisis satisfactorio de sus recíprocas relaciones y nexos deductivos a partir de la lógica simbólica moderna. La doble raya horizontal de algunas de las reglas derivadas presentadas en la tabla siguiente significa que son operativas en ambos sentidos, es decir, directo e inverso.

9.4.1 Reglas derivadas de negación

1 Principio de no contradicción (**PNC**) $\neg(A \land \neg A)$

2 Exclusión de tercero o *tertio excluso* (**PTE**) $A \lor \neg A$

3 *Ex contradictione, quodlibet* (**ECQ**) $\dfrac{A \land \neg A}{B}$

4 Doble negador, introducción (**IDN**) y eliminación (**EDN**) $\dfrac{A}{\neg\neg A}$

5 *Modus tollendo tollens* o *modus tollens* (**MT**) $\dfrac{A}{\neg\neg A}$

6 Distribución en conjunción, De Morgan 1ª (**DM₁**)*

$$\frac{\neg\,(A \wedge B)}{\neg A \vee \neg B}$$

7 Distribución en disyunción, De Morgan 2ª (**DM₂**)

$$\frac{\neg\,(A \vee B)}{\neg A \wedge \neg B}$$

9.4.2 Reglas derivadas de conjunción

1 Propiedad de idempotencia (**IdC**)

$$\frac{A \wedge A}{A}$$

2 Propiedad conmutativa (**CC**)

$$\frac{A \wedge B}{B \wedge A}$$

3 Propiedad asociativa (**AC**)

$$\frac{(A \wedge B) \wedge C}{A \wedge (B \wedge C)}$$

4 Propiedad distributiva (**DC**)

$$\frac{A \wedge (B \vee C)}{(A \wedge B) \vee (A \wedge C)}$$

5 Ley de absorción (**AbsC**)

$$\frac{A \wedge (A \vee B)}{A}$$

6 Ley de importación (**Imp**)

$$\frac{A \rightarrow (B \rightarrow C)}{A \wedge B \rightarrow C}$$

7 Ley de exportación (**Exp**)

$$\frac{A \wedge B \rightarrow C}{A \rightarrow (B \rightarrow C)}$$

8 Definición del conjuntor 1ª (**DfC₁**)

$$\frac{A \wedge B}{\neg (A \rightarrow \neg B)}$$

9 Definición del conjuntor 2ª (**DfC₂**)

$$\frac{A \wedge B}{\neg (\neg A \vee \neg B)}$$

9.4.3 Reglas derivadas de disyunción

1 Propiedad de idempotencia (**IdD**)

$$\frac{A \vee A}{A}$$

2 Propiedad conmutativa (**CD**)

$$\frac{A \vee B}{B \vee A}$$

---

* Las leyes de De Morgan definen la conjunción en términos de la disyunción y viceversa, por lo cual podrían ubicarse tanto en este apartado como en el siguiente.

3 Propiedad asociativa (**AD**)

$$\frac{(A \lor B) \lor C}{A \lor (B \lor C)}$$

4 Propiedad distributiva (**DD**)

$$\frac{A \land (B \lor C)}{(A \land B) \lor (A \land C)}$$

5 Ley de absorción (**AbsD**)

$$\frac{A \lor (A \land B)}{A}$$

6 Definición del disyuntor 1ª (**DfD₁**)

$$\frac{A \lor B}{\neg A \to B}$$

7 Definición del disyuntor 2ª (**DfD₂**)

$$\frac{A \lor B}{\neg (\neg A \land \neg B)}$$

8 Silogismo disyuntivo 1º (**SD₁**)

$$\frac{A \lor B \quad \neg B}{A}$$

9 Silogismo disyuntivo 1º (**SD₂**)

$$\frac{A \lor B \quad \neg A}{B}$$

10 Dilema constructivo 1º (**DilC₁**)

$$\frac{A \lor B \quad A \to C \quad B \to C}{C}$$

11 Dilema constructivo 2º (**DilC₂**)

$$\frac{A \lor B \quad A \to C \quad B \to D}{C \lor D}$$

12 Dilema destructivo 1º (**DilD₁**)

$$\frac{\neg A \lor \neg B \quad C \to A \quad C \to B}{\neg C}$$

13 Dilema destructivo 2º (**DilD₂**)

$$\frac{\neg A \lor \neg B \quad C \to A \quad D \to B}{\neg C \lor \neg D}$$

9.4.4 Reglas derivadas de implicación

1 Ley de identidad (**Id**)

$$\frac{A}{A}$$

2 Ley de carga de premisas (**CPr**)

$$\frac{A}{B \rightarrow A}$$

3 Ley de mutación de premisas (**Mut**)

$$\frac{A \rightarrow (B \rightarrow C)}{B \rightarrow (A \rightarrow C)}$$

4 Ley del silogismo hipotético (**SH**)

$$\frac{A \rightarrow B \\ B \rightarrow C}{A \rightarrow C}$$

5 Definición del implicador 1ª (**DfI₁**)

$$\frac{A \rightarrow B}{\neg (A \wedge \neg B)}$$

6 Definición del implicador 2ª (**DfI₂**)

$$\frac{A \rightarrow B}{\neg A \vee B}$$

9.4.5 Reglas derivadas de coimplicación

1 Introducción (**ICO**)

$$\frac{A \rightarrow B \\ B \rightarrow A}{A \leftrightarrow B}$$

2 Eliminación

$$\frac{A \leftrightarrow B}{A \rightarrow B} \text{ (ECO}_1\text{)} \qquad \frac{A \leftrightarrow B}{B \rightarrow A} \text{ (ECO}_2\text{)}$$

$$\frac{A \leftrightarrow B \\ A}{B} \text{ (ECO}_3\text{)} \qquad \frac{A \leftrightarrow B \\ B}{A} \text{ (ECO}_4\text{)}$$

3 Propiedad de reflexividad (**Ref CO**)

$$A \leftrightarrow A$$

4 Propiedad de simetría (**Sim CO**)

$$\frac{A \leftrightarrow B}{B \leftrightarrow A}$$

5 Propiedad de transitividad (**Trans CO**)

$$\frac{A \leftrightarrow B \\ B \leftrightarrow C}{A \leftrightarrow C}$$

6 Metarregla de intercambio o reemplazo (**I**)*

$$\frac{A \leftrightarrow B \\ C_A}{C_B}$$

103

---

* Aunque la metarregla de intercambio o reemplazo no es estrictamente una regla derivada de la coimplicación, se incluye en este apartado para simplificar su clasificación entre las reglas derivadas.

TEMA 9. DEDUCCIÓN NATURAL
EJERCICIOS

9.1) Reglas básicas.
a) Pon un ejemplo de cada una empleando el lenguaje natural.
b) Formaliza el texto.
c) Demuestra el argumento.

a) Negación

Introducción

$$\begin{array}{|l} A \\ \vdots \\ B \wedge \neg B \\ \hline \neg A \end{array} \qquad \textbf{IN}$$

Eliminación

$$\frac{\neg \neg A}{A} \qquad \textbf{EN o DN}$$

b) Conjunción

Introducción

$$\frac{\begin{array}{c} A \\ B \end{array}}{A \wedge B} \qquad \textbf{IC}$$

Eliminación

$$\frac{A \wedge B}{A} \qquad \textbf{EC}_1 \qquad\qquad \frac{A \wedge B}{B} \qquad \textbf{EC}_2$$

c) Disyunción

Introducción

$$\frac{A}{A \vee B} \qquad \textbf{ID}_1 \qquad\qquad \frac{B}{A \vee B} \qquad \textbf{ID}_2$$

Eliminación

$$\begin{array}{l} A \vee B \\ \begin{array}{|l} A \\ \vdots \\ C \end{array} \\ \begin{array}{|l} B \\ \vdots \\ C \end{array} \\ \hline C \end{array} \qquad \textbf{ED}$$

d) Implicación

Introducción

$$\begin{array}{c} \left[\begin{array}{c} A \\ \vdots \\ B \end{array} \right. \\ \hline A \to B \end{array} \qquad \textbf{II}$$

Eliminación

$$\begin{array}{c} A \to B \\ A \\ \hline B \end{array} \qquad \textbf{EI}$$

e) Coimplicación

Introducción

$$\begin{array}{c} A \to B \\ B \to A \\ \hline A \leftrightarrow B \end{array} \qquad \textbf{ICO}$$

Eliminación

$$\begin{array}{c} A \leftrightarrow B \\ \hline A \to B \end{array} \qquad \textbf{ECO}_1 \qquad\qquad \begin{array}{c} A \leftrightarrow B \\ \hline B \to A \end{array} \qquad \textbf{ECO}_2$$

9.2) Reglas derivadas.
a) Pon un ejemplo de cada una empleando el lenguaje natural.
b) Formaliza el texto.
c) Demuestra el argumento.

1) Reglas derivadas de negación

1 Principio de no contradicción (**PNC**) $\neg (A \wedge \neg A)$

2 Exclusión de tercero o *tertio excluso* (**PTE**) $A \vee \neg A$

3 *Ex contradictione, quodlibet* (**ECQ**) $\dfrac{A \wedge \neg A}{B}$

4 Doble negador, introducción (**IDN**) y eliminación (**EDN**) $\dfrac{A}{\neg\neg A}$

5 *Modus tollendo tollens* o *modus tollens* (**MT**) $\dfrac{A}{\neg\neg A}$

6 Distribución en conjunción, De Morgan 1ª (**DM₁**)

$$\frac{\neg\,(A \wedge B)}{\neg A \vee \neg B}$$

7 Distribución en disyunción, De Morgan 2ª (**DM₂**)

$$\frac{\neg\,(A \vee B)}{\neg A \wedge \neg B}$$

9.4.2 Reglas derivadas de conjunción

1 Propiedad de idempotencia (**IdC**)

$$\frac{A \wedge A}{A}$$

2 Propiedad conmutativa (**CC**)

$$\frac{A \wedge B}{B \wedge A}$$

3 Propiedad asociativa (**AC**)

$$\frac{(A \wedge B) \wedge C}{A \wedge (B \wedge C)}$$

4 Propiedad distributiva (**DC**)

$$\frac{A \wedge (B \vee C)}{(A \wedge B) \vee (A \wedge C)}$$

5 Ley de absorción (**AbsC**)

$$\frac{A \wedge (A \vee B)}{A}$$

6 Ley de importación (**Imp**)

$$\frac{A \rightarrow (B \rightarrow C)}{A \wedge B \rightarrow C}$$

7 Ley de exportación (**Exp**)

$$\frac{A \wedge B \rightarrow C}{A \rightarrow (B \rightarrow C)}$$

8 Definición del conjuntor 1ª (**DfC₁**)

$$\frac{A \wedge B}{\neg (A \rightarrow \neg B)}$$

9 Definición del conjuntor 2ª (**DfC₂**)

$$\frac{A \wedge B}{\neg (\neg A \vee \neg B)}$$

106

9.4.3 Reglas derivadas de disyunción

1 Propiedad de idempotencia (**IdD**)

$$\frac{A \vee A}{A}$$

2 Propiedad conmutativa (**CD**)

$$\frac{A \vee B}{B \vee A}$$

3 Propiedad asociativa (**AD**)

$$\frac{(A \lor B) \lor C}{A \lor (B \lor C)}$$

4 Propiedad distributiva (**DD**)

$$\frac{A \land (B \lor C)}{(A \land B) \lor (A \land C)}$$

5 Ley de absorción (**AbsD**)

$$\frac{A \lor (A \land B)}{A}$$

6 Definición del disyuntor 1ª (**DfD₁**)

$$\frac{A \lor B}{\neg A \rightarrow B}$$

7 Definición del disyuntor 2ª (**DfD₂**)

$$\frac{A \lor B}{\neg (\neg A \land \neg B)}$$

8 Silogismo disyuntivo 1º (**SD₁**)

$$\frac{A \lor B}{\neg B}$$
$$A$$

9 Silogismo disyuntivo 1º (**SD₂**)

$$A \lor B$$
$$\frac{\neg A}{B}$$

10 Dilema constructivo 1º (**DilC₁**)

$$A \lor B$$
$$A \rightarrow C$$
$$\frac{B \rightarrow C}{C}$$

11 Dilema constructivo 2º (**DilC₂**)

$$A \lor B$$
$$\Lambda \rightarrow C$$
$$\frac{B \rightarrow D}{C \lor D}$$

12 Dilema destructivo 1º (**DilD₁**)

$$\neg A \lor \neg B$$
$$C \rightarrow A$$
$$\frac{C \rightarrow B}{\neg C}$$

13 Dilema destructivo 2º (**DilD₂**)

$$\neg A \lor \neg B$$
$$C \rightarrow A$$
$$\frac{D \rightarrow B}{\neg C \lor \neg D}$$

9.4.4 Reglas derivadas de implicación

1 Ley de identidad (**Id**)

$$\frac{A}{A}$$

2 Ley de carga de premisas (**CPr**)

$$\frac{A}{B \to A}$$

3 Ley de mutación de premisas (**Mut**)

$$\frac{A \to (B \to C)}{B \to (A \to C)}$$

4 Ley del silogismo hipotético (**SH**)

$$\frac{A \to B \\ B \to C}{A \to C}$$

5 Definición del implicador 1ª (**DfI₁**)

$$\frac{A \to B}{\neg (A \wedge \neg B)}$$

6 Definición del implicador 2ª (**DfI₂**)

$$\frac{A \to B}{\neg A \vee B}$$

9.4.5 Reglas derivadas de coimplicación

1 Introducción (**ICO**)

$$\frac{A \to B \\ B \to A}{A \leftrightarrow B}$$

2 Eliminación

$$\frac{A \leftrightarrow B}{A \to B} \text{ (ECO}_1) \qquad \frac{A \leftrightarrow B}{B \to A} \text{ (ECO}_2)$$

$$\frac{A \leftrightarrow B \\ A}{B} \text{ (ECO}_3) \qquad \frac{A \leftrightarrow B \\ B}{A} \text{ (ECO}_4)$$

3 Propiedad de reflexividad (**Ref CO**)

$$A \leftrightarrow A$$

4 Propiedad de simetría (**Sim CO**)

$$\frac{A \leftrightarrow B}{B \leftrightarrow A}$$

5 Propiedad de transitividad (**Trans CO**)

$$\frac{A \leftrightarrow B \\ B \leftrightarrow C}{A \leftrightarrow C}$$

6 Metarregla de intercambio o reemplazo (**I**)

$$\frac{A \leftrightarrow B \\ C_A}{C_B}$$

9.3) Cálculo de enunciados.

A partir de las premisas, demuestra la conclusión mediante deducción natural.

1) — 1 $p \wedge q \rightarrow (p \rightarrow r \wedge s)$
   — 2 $t \wedge (p \wedge q)$ ⊢ s

2) — 1 $p \wedge q \rightarrow r$
   — 2 $r \rightarrow s \wedge t$
   — 3 $s \wedge t \rightarrow u$ ⊢ $p \wedge q \rightarrow u$

3) — 1 $p \wedge t \rightarrow r \wedge s$
   — 2 $q \rightarrow t$
   — 3 $q \wedge u$ ⊢ $p \rightarrow s$

4) — 1 $p \vee q \rightarrow r$
   — 2 $r \vee t \rightarrow s \wedge u$ ⊢ $p \rightarrow s \vee w$

5) — 1 $p \rightarrow s$
   — 2 $q \rightarrow t$
   — 3 $s \wedge t \rightarrow r$ ⊢ $p \rightarrow (q \rightarrow r)$

6) — 1 $p \vee q$
   — 2 $p \rightarrow s \wedge r$
   — 3 $q \rightarrow p \wedge h$ ⊢ $s \vee h$

7) — 1 $q \vee r$
   — 2 $q \rightarrow p \wedge s$
   — 3 $r \rightarrow u \wedge t$ ⊢ $u \vee s$

8) — 1 $r \vee s$
   — 2 $p \wedge (r \rightarrow t)$
   — 3 $q \wedge (s \rightarrow t)$ ⊢ t

9) — 1 $p \vee \neg q \rightarrow (q \vee r) \wedge (\neg s \vee \neg t)$
— 2 $q \rightarrow s$
— 3 $r \rightarrow s$ $\vdash p \rightarrow s$

10) — 1 $p \rightarrow [q \rightarrow (r \rightarrow s)]$ $\vdash q \rightarrow [r \rightarrow (p \rightarrow s)]$

11) — 1 $p \rightarrow \neg q \wedge r$ $\vdash \neg p$
— 2 $\neg q \wedge r \rightarrow \neg r$

12) — 1 $p \vee s \rightarrow \neg (q \wedge r)$
— 2 $m \rightarrow h \wedge o$
— 3 $h \rightarrow p$
— 4 $\neg (q \wedge r) \rightarrow \neg m$ $\vdash \neg m$

13) — 1 $r \vee s \rightarrow p \wedge q$ $\vdash \neg (p \wedge q) \rightarrow \neg (r \wedge s)$

14) — 1 $q \wedge p \rightarrow \neg r$ $\vdash r \rightarrow \neg p$
— 2 $t \wedge q$

15) — 1 $p \rightarrow \neg q \wedge r$
— 2 $r \rightarrow q$ $\vdash p \rightarrow s$

110

16) — 1 $t \rightarrow s$
— 2 $u \rightarrow r \vee q$
— 3 $r \rightarrow \neg s$
— 4 $q \rightarrow \neg s \wedge p$ $\vdash \neg (t \wedge u)$

17) — 1 $s \rightarrow (p \vee q) \wedge (r \wedge \neg t)$
— 2 $p \rightarrow \neg t \wedge r$ $\vdash s \rightarrow r \wedge \neg t$

18) — 1 $q \rightarrow (r \rightarrow s)$
    — 2 $\neg(q \rightarrow s) \wedge \neg(t \rightarrow \neg r)$ $\vdash p$

19) — 1 $r \vee (q \wedge p)$
    — 2 $(r \rightarrow s) \wedge \neg q$ $\vdash s \leftrightarrow r$

20) — 1 $t \rightarrow r \wedge h$
    — 2 $r \rightarrow p$
    — 3 $h \rightarrow q$
    — 4 $\neg t \rightarrow s$ $\vdash (q \wedge p) \vee s$

111

TEMA 10. DEDUCCIÓN CUANTIFICACIONAL

10.1 NOCIONES INTRODUCTORIAS

La lógica de enunciados y la deducción natural, expuestos hasta ahora, permiten formalizar y resolver muchos argumentos, mas no todos. Así, la silogística aristotélica, expuesta en el Tema 4 de este manual, en general se sustrae al ámbito de la lógica de enunciados y de la deducción natural. Considérese el siguiente ejemplo:

P_M Todo español es europeo
P_m Algún valenciano es español
⊢   Algún valenciano es europeo

Si se emplea la lógica de enunciados para formalizar este argumento, asignando letras proposicionales a cada enunciado (p, q, r), el resultado (p, q ⊢ r) carecería de fundamento lógico, pues no existe ninguna regla básica ni derivada de conectores que permita concluir r a partir de p y q. Sucede que las estructuras lógicas que justifican este silogismo no se corresponden con las consideradas en lógica de enunciados, porque las palabras "todo" y "algún" constituyen una pieza clave en las mismas, pero carecen de correlato alguno entre los conectores propios de la lógica proposicional. En consecuencia, este tipo de argumentos informales no pueden ser formalizados ni calculados adecuadamente mediante la lógica de enunciados y para ello es necesario recurrir a la lógica de predicados o lógica cuantificacional, empleando, según se expuso en el Tema 8, cuantificadores universales y existenciales.

¿Cuál es la relación entre la lógica de enunciados y la de predicados, entre conectores y cuantificadores? Existe una diferencia notable según se emplee un lenguaje cuyo dominio o universo de discurso sea finito, por una parte, o bien infinito o potencialmente infinito, por otra.

En un universo de discurso finito, la lógica de cuantificadores es reducible a la lógica de conectores. En el caso del generalizador, por una parte, considérese por ejemplo la proposición "Todo miembro de ese conjunto cumple la propiedad de ser mi hermano"; sería equivalente a esta otra, "Ana, Inés y Jaime son mis hermanos". Empleando el lenguaje simbólico, la primera podría formalizarse con la expresión "$\Lambda x P x$"; la segunda, simbolizando Ana, Inés y Jaime respectivamente con a_1, a_2 y a_3, podría formalizarse con la expresión "$P a_1 \wedge P a_2 \wedge P a_3$". Y ambas serían expresiones lógicamente equivalentes. En el caso del particularizador, por otra, considérese la proposición "Algún miembro de ese conjunto cumple la propiedad de ser mi hermano"; sería equivalente a esta otra, "O Rosa o Alba o Carlos cumplen la propiedad de ser mi hermano". Empleando el lenguaje simbólico, la primera podría formalizarse con la expresión "$V x P x$"; la segunda, simbolizando Ana, Inés y Jaime respectivamente con a_1, a_2 y a_3, podría formalizarse con la expresión "$P a_1 \vee P a_2 \vee P a_3$". Y ambas también serían expresiones lógicamente equivalentes. Como consecuencia de todo lo anterior, puede afirmarse que el generalizador representa la aplicación reiterada del conjuntor a una serie de elementos denominados factores lógicos, mientras el particularizador representa la aplicación reiterada del disyuntor a una serie de elementos denominados sumandos lógicos. Y por ello el lenguaje formal representa al generalizador mediante un conjuntor de gran tamaño o macroconjuntor, y al particularizador mediante un disyuntor de gran tamaño o macrodisyuntor.

En cambio, en un universo de discurso infinito o potencialmente infinito, tales consideraciones son inaplicables y la lógica cuantificacional es irreducible a la lógica proposicional. Considérese, por ejemplo, la proposición "Todos los miembros de este conjunto cumplen la propiedad de ser mayor que cero" aplicada al conjunto de los números enteros positivos. Podría formalizarse adecuadamente con la expresión "$\wedge x Px$", pero sería imposible traducirla a una fórmula de conectores equivalente, pues la conjunción "$Pa_1 \wedge Pa_2 \wedge Pa_3 \dots$" destinada a atribuir la propiedad P a todos y cada uno de los miembros de dicho conjunto jamás terminaría. Y surgiría la misma dificultad al tratarse del particularizador.

En el cálculo cuantificacional, o cálculo deductivo de cuantificadores, las operaciones consisten básicamente en:

1. Abrir las fórmulas clausuradas por cuantificadores, eliminándolos o desarticulándolos provisionalmente.
2. Aplicar a las fórmulas resultantes las reglas de la lógica de conectores
3. Finalizadas tales operaciones, restituir los cuantificadores eliminados o parcialmente sustituidos.

No obstante, dichas operaciones de eliminar y restituir cuantificadores son más complejas de lo que podría parecer, pues, aunque las variables individuales representan objetos individuales, no lo hacen determinadamente actuando como un nombre propio, sino indeterminadamente y según el contexto, actuando como un pronombre. El cuantificador desempeña la función de contrarrestar dicha indeterminación fijando el sentido de las variables, sin cuya presencia se asemejan a un pronombre fuera de contexto y pueden provocar graves equívocos durante el cálculo deductivo. Así, la dificultad principal del cálculo cuantificacional estriba en la serie de restricciones necesarias para eludir dichos equívocos.

10.2 REGLAS BÁSICAS

10.2.1 Generalizador

a) Introducción. También llamada generalización, transcurre de cualquiera a todo, esto es, a partir de un caso permite inferir una ley.

Responde a la intuición, habitual en el lenguaje natural o no formal, de que aquello que vale para un caso cualquiera vale para todo caso. Ahora bien, el uso de esta regla está restringido. A partir de la predicación de una propiedad a un individuo cualquiera, inferir la atribución de esa propiedad a todo individuo en general solo será legítimo siempre que el individuo mediante el cual opere la generalización sea prototípico o absolutamente cualquiera —llamado parámetro propio de la generalización—, es decir, libre de toda condición o privilegio; en caso contrario, le generalización será ilegítima. Así, generalizar por deducción es una operación crítica, sujeta a condición, y si dicha condición no se cumple la generalización será incorrecta, como por ejemplo lo sería en el caso de generalizar, a partir de la premisa "Algunos valencianos son rubios", la conclusión "Todos los valencianos son rubios". Haber nacido en Valencia basta y sobra para satisfacer la propiedad ser valenciano, respecto de la cual, por tanto, la propiedad "ser rubio" o cualquier otra constituirían una condición o privilegio. En cambio, por ejemplo, a partir de la premisa "El oro está compuesto por átomos" sí podría generalizarse válidamente la conclusión "Toda materia está compuesta por átomos", pues, en cuanto a la propiedad de estar compuesto por átomos, el oro constituye un caso prototípico o absolutamente cualquiera de materia.

La fórmula de la regla de introducción del generalizador sería:

$$\frac{Pa}{\Lambda xPx}$$

IG   Condición: "a" no debe ocurrir
en ningún supuesto previo no cancelado.

Y podría formularse así: $Pa \vdash \Lambda xPx$, argumento cuya derivación sería,

— 1 Pa
   2 ΛxPx **IG** 1

Si la condición crítica restrictiva es incorrecta, la formalización y derivación del argumento también lo será. Compárense estos dos ejemplos, siendo P = valenciano y Q = madrileño.

P_1 Todos son valencianos o todos son madrileños
$\vdash$ Todos son valencianos o madrileños

$$\Lambda xPx \lor \Lambda xQx \vdash \Lambda x\,(Px \lor Qx)$$

— 1 $\Lambda xPx \lor \Lambda xQx$
 ⌐ 2 ΛxPx
 | 3 Pa **EG** 2
 ∟ 4 $Pa \lor Qa$ **ID₁** 3
 ⌐ 5 ΛxQx
 | 6 Qa **EG** 6
 ∟ 7 $Pa \lor Qa$ **ID₁** 6
   8 $Pa \lor Qa$ **ED** 1, 2-4, 5-7
   9 $\Lambda x\,(Px \lor Qx)$ **IG** 8

La regla **IG** de la línea 9 aplicada a la línea 8 recae sobre una fórmula que ya es independiente de todo supuesto subsidiario, lo cual es correcto. Veamos el segundo ejemplo.

P_1 Todos son valencianos o madrileños
$\vdash$ O todos son valencianos o todos son madrileños

$$\Lambda x\,(Px \lor Qx) \vdash \Lambda xPx \lor \Lambda xQx$$

— 1 $\Lambda x\,(Px \lor Qx)$
   2 $Pa \lor Qa$ **EG** 1
 ⌐ 3 Pa
 ∟ 4 ΛxPx **IG** 3 (?)

En cambio, la regla **IG** de la línea 4 aplicada a la línea 3 recae sobre un supuesto no cancelado, lo cual es incorrecto, por contravenir la condición crítica restrictiva aludida. Así, la regla no podría aplicarse legítimamente en este caso.

b) Eliminación. También llamada regla de instanciación universal, a partir de una generalización permite inferir una constante individual.

Responde a la intuición, habitual en el lenguaje natural o no formal, de que es legítimo transcurrir de la ley general al caso concreto, del todos en general a este en particular, pues, si todos los elementos de un conjunto —por ejemplo, los seres humanos— cumplen una determinada propiedad —ser mortal—, obviamente puede afirmarse que uno cualquiera de ellos —Sócrates— también la cumple. En definitiva, se trata de una inferencia basada en ejemplificar una generalidad, en instanciar un caso concreto a partir de un conjunto.

La fórmula de la regla de eliminación del generalizador sería:

$$\frac{\wedge xPx}{Pa} \quad \textbf{EG}$$

La relación entre el lenguaje no formal y dicha regla puede apreciarse con este ejemplo:

P_1 Toda materia está compuesta por átomos	$\wedge xPx$	, donde P = materia
⊢ El oro está compuesto por átomos	Pa	, donde a = oro

Y podría formularse así: $\wedge xPx \vdash Pa$, argumento cuya derivación sería,

— 1 $\wedge xPx$
  2 Pa **EG** 1

10.2.2 Particularizador

a) Introducción. La regla de introducción del particularizador se basa en una inferencia que transcurre de la atribución de una determinada propiedad a un individuo a la afirmación de que existen individuos, al menos uno, que satisfacen dicha propiedad. En el lenguaje no formal, equivaldría al transcurso de "este" a "alguno", pues, si por ejemplo afirmamos "Este perro ladra", también podremos afirmar "Algún perro ladra".

La fórmula de la regla de introducción del particularizador sería:

$$\frac{Pa}{VxPx} \quad \textbf{IP}$$

En definitiva, dada una fórmula de estructura predicativa P sobre un parámetro propio a, es admisible una nueva fórmula que sustituya el parámetro por una variable individual x y anteponga al resultado de dicha sustitución un particularizador V.

Veamos un ejemplo en el lenguaje natural: «Si todos los perros ladran y he aquí un perro, en consecuencia, algún perro ladra». Primero formalizamos para después calcular:

P = ser perro
L = ladrar

$$\Lambda x\,(\mathrm{P}x \to \mathrm{L}x) \land \mathrm{P}a \vdash \mathrm{V}x\mathrm{L}x$$

— 1 $\Lambda x\,(\mathrm{P}x \to \mathrm{L}x)$

— 2 $\mathrm{P}a$

   3 $\mathrm{P}a \to \mathrm{L}a$ **EG** 1

   4 $\mathrm{L}a$ **EI** 3, 2

   5 $\mathrm{V}x\mathrm{L}x$ **IP** 4

b) Eliminación. También llamada instanciación existencial, entraña una inferencia que transcurre de la existencia de un individuo en principio no identificado a las consecuencias subseguidas de su identificación. Es decir, si existe algún —al menos un— individuo tal que posee cierta propiedad, incluso desconociendo cuál es exactamente ese individuo, tal inferencia permite establecer las consecuencias subseguidas del supuesto de su identificación, esto es, del supuesto de que un individuo imaginariamente determinado satisfaga dicha propiedad.

Ahora bien, semejante inferencia solo es correcta bajo ciertas restricciones o condiciones que afectan al parámetro propio o símbolo individual elegido para la instanciación, el cual no debe aparecer:

       1ª. En la premisa inicial que contiene el particularizador.
       2.ª En la conclusión o línea final de la derivación.
       3ª. En ningún supuesto previo no cancelado.

El esquema o fórmula de la regla de eliminación del particularizador sería:

$$\mathrm{V}x\mathrm{P}x$$
$$\begin{array}{|l} \mathrm{P}a \\ \vdots \\ \mathrm{A} \end{array}$$
$$\overline{\mathrm{A}}$$

EP   Condición: "a" no debe ocurrir en $\mathrm{V}x\mathrm{P}x$, ni en A ni en ningún supuesto previo no cancelado.

Veamos un ejemplo de deducción cuantificacional de la regla de eliminación del particularizador a partir del lenguaje natural: «Si existe un deportista que es olímpico, entonces puede afirmarse que existe un deportista y que existe un olímpico». Primero formalizamos el argumento para después deducirlo:

D = ser deportista
O = ser olímpico

$$\forall x\, (Dx \wedge Ox) \rightarrow \forall xDx \wedge \forall xOx$$

1	$\forall x\, (Dx \wedge Ox)$	
2	$Da \wedge Oa$	
3	Da	EC₁ 2
4	$\forall xDx$	IP 3
5	Oa	EC₂ 2
6	$\forall xOx$	IP 5
7	$\forall xDx \wedge \forall xOx$	IC 4, 6
8	$\forall xDx \wedge \forall xOx$	EP 1, 2-7
9	$\forall x\, (Dx \wedge Ox) \rightarrow \forall xDx \wedge \forall xOx$	II 1-8

10.2.3 Combinación de reglas de introducción del generalizador y eliminación del particularizador

La combinación de las reglas **IG** y **EP** puede ocasionar dificultades en la deducción cuantificacional e incluso invalidar la derivación si las respectivas condiciones que restringen su aplicación son omitidas o aplicadas incorrectamente. Veamos un ejemplo de deducción inválida por dicho motivo:

1	$\forall xPx$	
2	Pa	
3	$\wedge xPx$	IG 2 (?)
4	$\wedge xPx$	EP 1, 2-3

La aplicación en la tercera línea de la regla **IG** a la segunda es ilegítima e invalida la derivación subsiguiente, pues el parámetro *a* empleado como base para la generalización ocurre en el supuesto previo no cancelado que se inicia en la segunda línea, y por ello no es un individuo cualquiera del conjunto, sino un individuo "tal que" o condicionado al cumplimiento de la propiedad *P*.

En definitiva, la regla **IG** es inaplicable a un parámetro subsumido hipotéticamente bajo el alcance de la regla **EP**, por los motivos indicados. De lo contrario, por ejemplo, la siguiente inferencia manifiestamente incorrecta resultaría válida:

P₁   Alguna mujer es rubia

⊢   Todas las mujeres son rubias

10.3 REGLAS DERIVADAS

10.3.1 Negación

1 Generalizador (**NG**)
$$\frac{\neg \wedge xPx}{Vx \neg Px}$$

2 Particularizador (**NP**)
$$\frac{\neg VxPx}{\wedge x \neg Px}$$

10.3.2 Distribución

1 De cuantificadores en conjunción
    1 $\wedge x(Px \wedge Qx) \leftrightarrow \wedge xPx \wedge \wedge xQx$
    2 $Vx(Px \wedge Qx) \rightarrow VxPx \wedge VxQx$
    3 $VxPx \wedge VxQx \rightarrow Vx(Px \wedge Qx)$

2 De cuantificadores en disyunción
    1 $Vx(Px \vee Qx) \leftrightarrow VxPx \vee VxQx$
    2 $\wedge xPx \vee \wedge xQx \rightarrow \wedge x(Px \vee Qx)$
    3 $\wedge x(Px \vee Qx) \rightarrow \wedge xPx \vee VxQx$

3 De cuantificadores en implicación
    1 $\wedge x(Px \rightarrow Qx) \rightarrow (\wedge xPx \rightarrow \wedge xQx)$
    2 $\wedge x(Px \rightarrow Qx) \rightarrow (VxPx \rightarrow VxQx)$
    3 $Vx(Px \rightarrow Qx) \rightarrow (\wedge xPx \rightarrow VxQx)$
    4 $(VxPx \rightarrow VxQx) \rightarrow Vx(Px \rightarrow Qx)$

4 De cuantificadores en coimplicación
    1 $\wedge x(Px \leftrightarrow Qx) \rightarrow (\wedge xPx \leftrightarrow \wedge xQx)$
    2 $\wedge x(Px \leftrightarrow Qx) \rightarrow (VxPx \leftrightarrow VxQx)$

10.3.3 Definición o interdefinición

1 Generalizador (**DG**)
$$\frac{\wedge xPx}{\neg Vx \neg Px}$$

2 Particularizador (**DP**)
$$\frac{VxPx}{\neg \wedge x \neg Px}$$

119

10.3.4 Intercambio (**I**)

$$\frac{A \leftrightarrow B, C_A}{C_B}$$

10.3.5 Descenso cuantificacional $\quad \Lambda x P x \rightarrow V x P x$ (**Desc**)

Permite transcurrir de lo general a lo particular, y por tanto presupone la exclusión del conjunto vacío en el ámbito de toda la lógica de cuantificadores.

10.3.6 Regla de mutación de variable ligada $\quad$ 1 $\Lambda x P x \leftrightarrow \Lambda y P y$ (**MVG**)

2 $V x P x \leftrightarrow V y P y$ (**MVP**)

Permiten realizar cambios de variables vinculadas en el interior de una formula, estrategia particularmente útil para desplazar cuantificadores.

TEMA 10. DEDUCCIÓN CUANTIFICACIONAL
EJERCICIOS

10.1) Reglas básicas.
a) Empleando el lenguaje natural, pon un ejemplo de cada regla.
b) Formaliza el texto de tu ejemplo.
c) Demuestra la fórmula mediante deducción cuantificacional.

A) Generalizador

1. Eliminación:

$$\frac{\Lambda xPx}{Pa} \quad \textbf{EG}$$

a) Ejemplo:
b) Formalización:
c) Demostración:

2. Introducción:

$$\frac{Pa}{\Lambda xPx} \quad \textbf{IG}$$

Condición: "a" no debe ocurrir
en ningún supuesto previo no cancelado.

a) Ejemplo:
b) Formalización:
c) Demostración:

B) Particularizador

1. Eliminación:

$$Vx Px$$
$$\begin{array}{|l} Pa \\ \vdots \\ A \end{array}$$
$$\frac{}{A} \quad \textbf{EP}$$

Condición: "a" no debe ocurrir en $VxPx$, ni en A ni
en ningún supuesto previo no cancelado.

a) Ejemplo:
b) Formalización:
c) Demostración:

2. Introducción:

$$\frac{Pa}{VxPx} \quad \textbf{IP}$$

a) Ejemplo:
b) Formalización:
c) Demostración:

121

10.2) Reglas derivadas.
a) Empleando el lenguaje natural, pon un ejemplo de cada regla.
b) Formaliza el texto de tu ejemplo.
c) Demuestra la fórmula mediante deducción cuantificacional.

1) Negación

1.1) Generalizador

$$\frac{\neg \wedge x Px}{V x \neg Px} \qquad \textbf{NG}$$

a) Ejemplo:
b) Formalización:
c) Demostración:

1.2) Particularizador

$$\frac{\neg V x Px}{\wedge x \neg Px} \qquad \textbf{NP}$$

a) Ejemplo:
b) Formalización:
c) Demostración:

2) Distribución

2.1) De cuantificadores en conjunción

    2.1.1) $\wedge x(Px \wedge Qx) \leftrightarrow \wedge xPx \wedge \wedge xQx$ **DGC**
    a) Ejemplo:
    b) Formalización:
    c) Demostración:

    2.1.2) $Vx(Px \wedge Qx) \rightarrow VxPx \wedge VxQx$ **DPC$_1$**
    a) Ejemplo:
    b) Formalización:
    c) Demostración:

    2.1.3) $VxPx \wedge VxQx \rightarrow Vx(Px \wedge Qx)$ **DPC$_2$**
    a) Ejemplo:
    b) Formalización:
    c) Demostración:

2.2) De cuantificadores en disyunción

    2.2.1) $\vee x(Px \vee Qx) \leftrightarrow \vee xPx \vee \vee xQx$ **DPD**

    a) Ejemplo:
    b) Formalización:
    c) Demostración:

    2.2.2) $\wedge xPx \vee \wedge xQx \rightarrow \wedge x(Px \vee Qx)$ **DGD$_1$**

    a) Ejemplo:
    b) Formalización:
    c) Demostración:

    2.2.3) $\wedge x(Px \vee Qx) \rightarrow \wedge xPx \vee \wedge xQx$ **DGD$_2$**

    a) Ejemplo:
    b) Formalización:
    c) Demostración:

123

2.3) De cuantificadores en implicación

    2.3.1) $\wedge x(Px \rightarrow Qx) \rightarrow (\wedge xPx \rightarrow \wedge xQx)$ **DGI$_1$**

    a) Ejemplo:
    b) Formalización:
    c) Demostración:

    2.3.2) $\wedge x(Px \rightarrow Qx) \rightarrow (\vee xPx \rightarrow \vee xQx)$ **DGI$_2$**

    a) Ejemplo:
    b) Formalización:
    c) Demostración:

    2.3.3) $\vee x(Px \rightarrow Qx) \rightarrow (\wedge xPx \rightarrow \vee xQx)$ **DPI$_1$**

    a) Ejemplo:
    b) Formalización:
    c) Demostración:

    2.3.4) $(\vee xPx \rightarrow \vee xQx) \rightarrow \vee x(Px \rightarrow Qx)$ **DPI$_2$**

    a) Ejemplo:
    b) Formalización:
    c) Demostración:

2.4) De cuantificadores en coimplicación

    2.4.1) $\wedge x(Px \leftrightarrow Qx) \rightarrow (\wedge xPx \leftrightarrow \wedge xQx)$ **DGCo$_1$**
    a) Ejemplo:
    b) Formalización:
    c) Demostración:

    2.4.2) $\wedge x(Px \leftrightarrow Qx) \rightarrow (\vee xPx \leftrightarrow \vee xQx)$ **DGCo$_2$**
    a) Ejemplo:
    b) Formalización:
    c) Demostración:

3) Definición o interdefinición

3.1) Generalizador
$$\frac{\wedge xPx}{\neg \vee x \neg Px}$$
DG

a) Ejemplo:
b) Formalización:
c) Demostración:

3.2) Particularizador
$$\frac{\vee xPx}{\neg \wedge x \neg Px}$$
DP

a) Ejemplo:
b) Formalización:
c) Demostración:

4) Intercambio
$$\frac{A \leftrightarrow B, C_A}{C_B}$$
I

a) Ejemplo:
b) Formalización:
c) Demostración:

5) Regla de descenso cuantificacional $\wedge xPx \rightarrow \vee xPx$ **Desc**
a) Ejemplo:
b) Formalización:
c) Demostración:

6) Reglas de mutación de variable ligada.

6.1) Del generalizador: $\quad\quad\quad\quad\quad \wedge xPx \leftrightarrow \wedge yPy \quad\quad$ **MVG**

a) Ejemplo:
b) Formalización:
c) Demostración:

6.2) Del particularizador: $\quad\quad\quad\quad \vee xPx \leftrightarrow \vee yPy \quad\quad$ **MVP**

a) Ejemplo:
b) Formalización:
c) Demostración:

10.3) Cálculo de predicados. A partir de las premisas o bien de supuestos subsidiarios, demuestra la conclusión mediante deducción cuantificacional.

1) $\quad$ —1 $\wedge xPx \rightarrow \vee xQx$

$\quad\quad$ —2 $\wedge x \,\neg Qx \quad\quad\quad\quad\quad\quad\quad\quad \vdash \vee x \,\neg Px$

2) $\quad$ —1 $\wedge x\,(Px \rightarrow Rx) \rightarrow \wedge x\,(Qx \rightarrow \neg Px)$

$\quad\quad$ —2 $\neg \vee x\,(Px \wedge \neg Rx) \quad\quad\quad\quad \vdash \neg \vee x \,\neg (Qx \rightarrow \neg Px)$

3) $\quad$ —1 $\vee x\,(Px \wedge Qx) \quad\quad\quad\quad\quad\quad \vdash Px \wedge \vee x\, Qx$

4) $\quad$ —1 $\neg \vee x\,(Px \wedge Rx) \rightarrow \neg \wedge x\,(Qx \rightarrow Px)$

$\quad\quad$ —2 $\wedge x\,(Px \rightarrow \neg Rx) \quad\quad\quad\quad \vdash \vee x \,\neg (\neg Qx \vee Px)$

5) $\quad$ —1 $\wedge x\,(Px \vee Qx) \vee \vee x\,(\neg Px \rightarrow Qx)$

$\quad\quad$ —2 $\vee x\,(\neg Px \wedge \neg Qx) \quad\quad \vdash \neg \vee x \,\neg (Px \wedge Rx \wedge \neg Qx) \rightarrow \neg \wedge x \,\neg (\neg Px \rightarrow Qx)$

6) $\quad$ —1 $\wedge x\,(Px \rightarrow Qx)$

$\quad\quad$ —2 $\wedge x\,(Rx \rightarrow \neg Qx) \quad\quad\quad\quad \vdash \wedge x\,(Rx \rightarrow \neg Px)$

7) $\quad$ —1 $\wedge x\,(Px \rightarrow \neg Qx)$

$\quad\quad\quad$ 2 $Pa \rightarrow \neg Qa \quad\quad\quad\quad\quad\quad\quad \vdash Ra \rightarrow (\wedge x\,(Rx \rightarrow Qx) \rightarrow \neg Pa)$

8) —1 $\wedge x \, (Px \rightarrow Fx \vee Mx)$
     —2 $\wedge x \, (Fx \rightarrow Cx)$
     —3 $\wedge x \, (Mx \rightarrow Cx)$ $\vdash \wedge x \, (Px \rightarrow Cx)$

9) —1 $\wedge x \, (\neg Ex \rightarrow \neg Px)$
     —2 Pa $\vdash Ea$

10) —1 $\wedge x \, (Px \vee Qx \rightarrow \neg Rx)$
      —2 $\wedge x \, (Sx \rightarrow Rx)$ $\vdash \wedge x \, (Px \rightarrow \neg Sx \vee Tx)$

11) —1 $\wedge x \, (Px \wedge Qx \rightarrow Rx)$
      —2 $\vee x \, (Sx \wedge \neg Rx)$ $\vdash \vee x \, (Sx \wedge (\neg Px \vee \neg Qx))$

12) —1 $\wedge x \, (Mx \vee Px \rightarrow Rx)$
      —2 $\wedge x \, (Rx \rightarrow Ax)$
      —3 $\vee x \, (Mx \wedge \neg Ax)$ $\vdash \vee x \, (Mx \wedge Bx)$

13) $\vdash \wedge x \, (Px \vee Qx \rightarrow Rx) \rightarrow [\vee x Px \rightarrow \vee x \, (Sx \rightarrow Rx)]$

14) $\vdash \wedge x \, (Px \leftrightarrow Qx) \wedge \wedge x \, (Qx \leftrightarrow Rx) \rightarrow \wedge x \, (Px \rightarrow Rx)$

15) —1 $\vee x Px \vee \vee x Qx$ $\vdash \vee x \, (Px \vee Qx)$